海上絲綢之路基本文獻叢書

暹羅館譯語

八館館考

〔清〕佚名 撰／〔清〕佚名 編

文物出版社

圖書在版編目（CIP）數據

暹羅館譯語 /（清）佚名撰．八館館考 /（清）佚名編．-- 北京 : 文物出版社，2022.6
（海上絲綢之路基本文獻叢書）
ISBN 978-7-5010-7509-6

Ⅰ．①暹… ②八… Ⅱ．①佚… Ⅲ．①漢語－音韻學－研究－明清時代②民族語－研究－中國－清代 Ⅳ．①H114 ②H2

中國版本圖書館 CIP 數據核字（2022）第 064992 號

海上絲綢之路基本文獻叢書

暹羅館譯語·八館館考

著　　者：〔清〕佚名　〔清〕佚名
策　　划：盛世博閱（北京）文化有限責任公司

封面設計：鞏榮彪
責任編輯：劉永海
責任印製：張　麗

出版發行：文物出版社
社　　址：北京市東城區東直門內北小街 2 號樓
郵　　編：100007
網　　址：http://www.wenwu.com
郵　　箱：web@wenwu.com
經　　銷：新華書店
印　　刷：北京旺都印務有限公司
開　　本：787mm×1092mm　1/16
印　　張：13.5
版　　次：2022 年 6 月第 1 版
印　　次：2022 年 6 月第 1 次印刷
書　　號：ISBN 978-7-5010-7509-6
定　　價：94.00 圓

總緒

海上絲綢之路，一般意義上是指從秦漢至鴉片戰争前中國與世界進行政治、經濟、文化交流的海上通道，主要分爲經由黄海、東海的海路最終抵達日本列島及朝鮮半島的東海航綫和以徐聞、合浦、廣州、泉州爲起點通往東南亞及印度洋地區的南海航綫。

在中國古代文獻中，最早、最詳細記載『海上絲綢之路』航綫的是東漢班固的《漢書·地理志》，詳細記載了西漢黄門譯長率領應募者入海『齎黄金雜繒而往』之事，書中所出現的地理記載與東南亞地區相關，并與實際的地理狀况基本相符。

東漢後，中國進入魏晋南北朝長達三百多年的分裂割據時期，絲路上的交往也走向低谷。這一時期的絲路交往，以法顯的西行最爲著名。法顯作爲從陸路西行到印度，再由海路回國的第一人，根據親身經歷所寫的《佛國記》（又稱《法顯傳》）一書，詳細介紹了古代中亞和印度、巴基斯坦、斯里蘭卡等地的歷史及風土人情，是瞭解和研究海陸絲綢之路的珍貴歷史資料。

隨着隋唐的統一，中國經濟重心的南移，中國與西方交通以海路爲主，海上絲綢之路進入大發展時期。廣州成爲唐朝最大的海外貿易中心，朝廷設立市舶司，專門管理海外貿易。唐代著名的地理學家賈耽（七三〇~八〇五年）的《皇華四達記》記載了從廣州通往阿拉伯地區的海上交通『廣州通夷道』，詳述了從廣州港出發，經越南、馬來半島、蘇門答臘半島至印度、錫蘭，直至波斯灣沿岸各國的航綫及沿途地區的方位、名稱、島礁、山川、民俗等。譯經大師義净西行求法，將沿途見聞寫成著作《大唐西域求法高僧傳》，詳細記載了海上絲綢之路的發展變化，是我們瞭解絲綢之路不可多得的第一手資料。

宋代的造船技術和航海技術顯著提高，指南針廣泛應用於航海，中國商船的遠航能力大大提升。北宋徐兢的《宣和奉使高麗圖經》詳細記述了船舶製造、海洋地理和往來航綫，是研究宋代海外交通史、中朝友好關係史、中朝經濟文化交流史的重要文獻。南宋趙汝適《諸蕃志》記載，南海有五十三個國家和地區與南宋通商貿易，形成了通往日本、高麗、東南亞、印度、波斯、阿拉伯等地的『海上絲綢之路』。宋代爲了加强商貿往來，於北宋神宗元豐三年（一〇八〇年）頒佈了中國歷史上第一部海洋貿易管理條例《廣州市舶條法》，并稱爲宋代貿易管理的制度範本。

元朝在經濟上採用重商主義政策，鼓勵海外貿易，中國與歐洲的聯繫與交往非常頻繁，其中馬可•波羅、伊本•白圖泰等歐洲旅行家來到中國，留下了大量的旅行記，記録元代海上絲綢之路的盛況。元代的汪大淵兩次出海，撰寫出《島夷志略》一書，記録了二百多個國名和地名，其中不少首次見於中國著録，涉及的地理範圍東至菲律賓群島，西至非洲。這些都反映了元朝時中西經濟文化交流的豐富内容。

明、清政府先後多次實施海禁政策，海上絲綢之路的貿易逐漸衰落。但是從明永樂三年至明宣德八年的二十八年裏，鄭和率船隊七下西洋，先後到達的國家多達三十多個，在進行經貿交流的同時，也極大地促進了中外文化的交流，這些都詳見於《西洋蕃國志》《星槎勝覽》《瀛涯勝覽》等典籍中。

關於海上絲綢之路的文獻記述，除上述官員、學者、求法或傳教高僧以及旅行者的著作外，自《漢書》之後，歷代正史大都列有《地理志》《四夷傳》《西域傳》《外國傳》《蠻夷傳》《屬國傳》等篇章，加上唐宋以來衆多的典制類文獻、地方史志文獻，集中反映了歷代王朝對於周邊部族、政權以及西方世界的認識，都是關於海上絲綢之路的原始史料性文獻。

海上絲綢之路概念的形成，經歷了一個演變的過程。十九世紀七十年代德國地理學家費迪南・馮・李希霍芬（Ferdinad Von Richthofen，一八三三～一九〇五），在其《中國：親身旅行和研究成果》第三卷中首次把輸出中國絲綢的東西陸路稱爲『絲綢之路』。有『歐洲漢學泰斗』之稱的法國漢學家沙畹（Édouard Chavannes，一八六五～一九一八），在其一九〇三年著作的《西突厥史料》中提出『絲路有海陸兩道』，蘊涵了海上絲綢之路最初提法。迄今發現最早正式提出『海上絲綢之路』一詞的是日本考古學家三杉隆敏，他在一九六七年出版《中國瓷器之旅：探索海上的絲綢之路》中首次使用『海上絲綢之路』一詞；一九七九年三杉隆敏又出版了《海上絲綢之路》一書，其立意和出發點局限在東西方之間的陶瓷貿易與交流史。

二十世紀八十年代以來，在海外交通史研究中，『海上絲綢之路』一詞逐漸成爲中外學術界廣泛接受的概念。根據姚楠等人研究，饒宗頤先生是華人中最早提出『海上絲綢之路』的人，他的《海道之絲路與昆侖舶》正式提出『海上絲路』的稱謂。選堂先生評價海上絲綢之路是外交、貿易和文化交流作用的通道。此後，大陸學者馮蔚然在一九七八年編寫的《航運史話》中，使用『海上絲綢之路』一詞，這是迄今學界查到的中國大陸最早使用『海上絲綢之路』的人，更多地限於航海活動領域的考察。一九八〇年北京大學陳炎教授提出『海上絲綢之路』研究，并於一九八一年發表《略論海上絲綢之路》一文。他對海上絲綢之路的理解超越以往，且帶有濃厚的愛國主義思想。陳炎教授之後，從事研究海上絲綢之路的學者越來越多，尤其沿海港口城市向聯合國申請海上絲綢之路非物質文化遺產活動，將海上絲綢之路研究推向新高潮。另外，國家把建設『絲綢之路經濟帶』和『二十一世紀海上絲綢之路』作爲對外發展方針，將這一學術課題提升爲國家願景的高度，使海上絲綢之路形成超越學術進入政經層面的熱潮。

與海上絲綢之路學的萬千氣象相對應，海上絲綢之路文獻的整理工作仍顯滯後，遠遠跟不上突飛猛進的研究進展。二〇一八年厦門大學、中山大學等單位聯合發起『海上絲綢之路文獻集成』專案，尚在醖釀當中。我們不揣淺陋，深入調查，廣泛搜集，將有關海上絲綢之路的原始史料文獻和研究文獻，分爲風俗物産、雜史筆記、海防海事、典章檔案等六個類别，彙編成《海上絲綢之路歷史文化叢書》，於二〇二〇年影印出版。此輯面市以來，深受各大圖書館及相關研究者好評。爲讓更多的讀者親近古籍文獻，我們遴選出前編中的菁華，彙編成《海上絲綢之路基本文獻叢書》，以單行本影印出版，以饗讀者，以期爲讀者展現出一幅幅中外經濟文化交流的精美畫卷，爲海上絲綢之路的研究提供歷史借鑒，爲『二十一世紀海上絲綢之路』倡議構想的實踐做好歷史的詮釋和注脚，從而達到『以史爲鑒』『古爲今用』的目的。

凡例

一、本編注重史料的珍稀性，從《海上絲綢之路歷史文化叢書》中遴選出菁華，擬出版百册單行本。

二、本編所選之文獻，其編纂的年代下限至一九四九年。

三、本編排序無嚴格定式，所選之文獻篇幅以二百餘頁爲宜，以便讀者閱讀使用。

四、本編所選文獻，每種前皆注明版本、著者。

五、本編文獻皆爲影印，原始文本掃描之後經過修復處理，仍存原式，少數文獻由於原始底本欠佳，略有模糊之處，不影響閱讀使用。

六、本編原始底本非一時一地之出版物，原書裝幀、開本多有不同，本書彙編之後，統一爲十六開右翻本。

目録

目录

暹羅館譯語

暹羅館譯語

一卷 〔清〕佚名 撰

清抄本

天文門

ฟ้า

天

筏

พระอาทิตย

日

婆喇啞踢

ดาว

星

老

พระจันทร์

月

婆喇趲

ฝน

雨

粉

น้ำค้าง

露

南亢

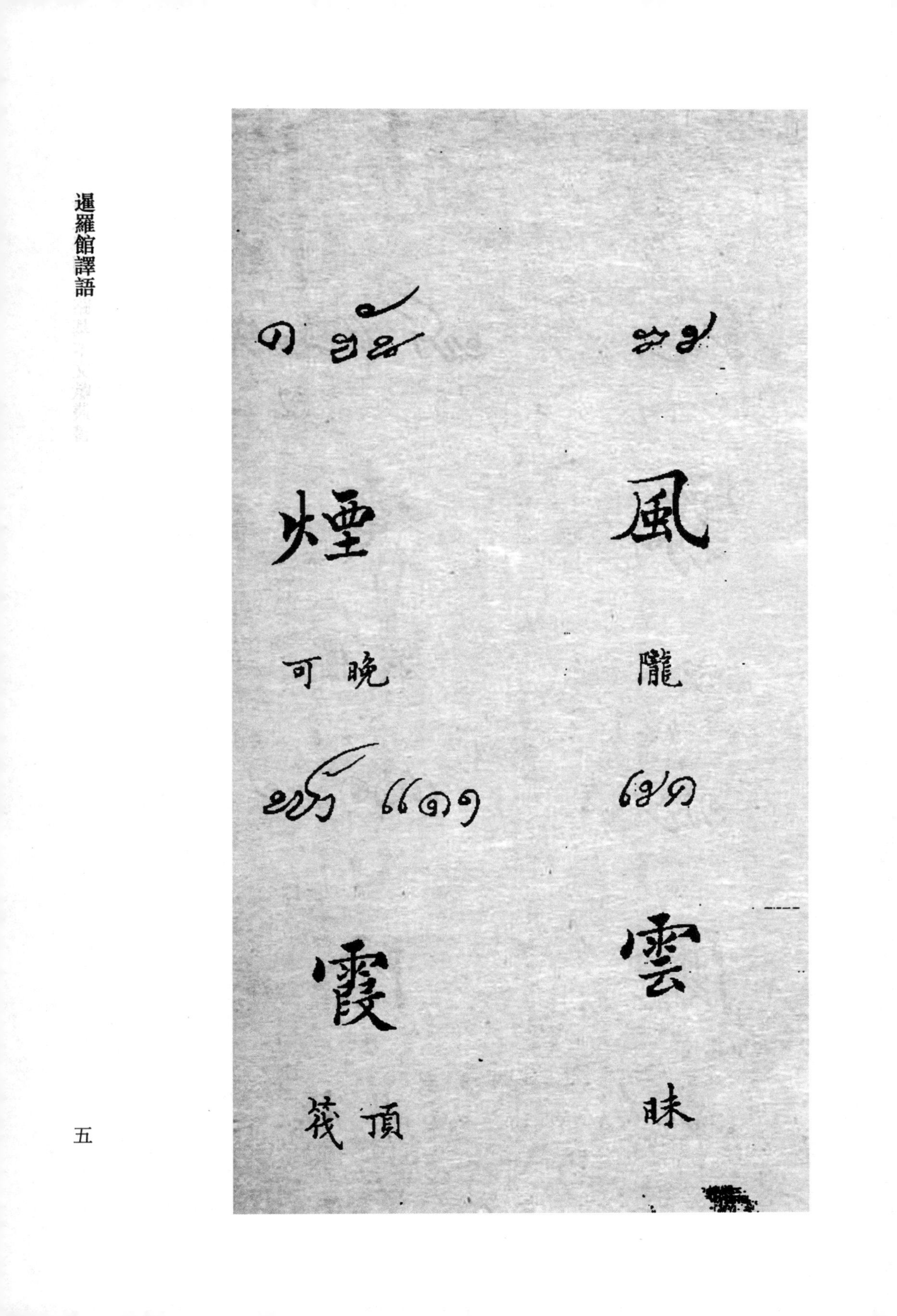

ลม

風

朧

เมฆ

雲

昧

ควัน

煙

可晚

ฟ้าแดง

霞

筏頂

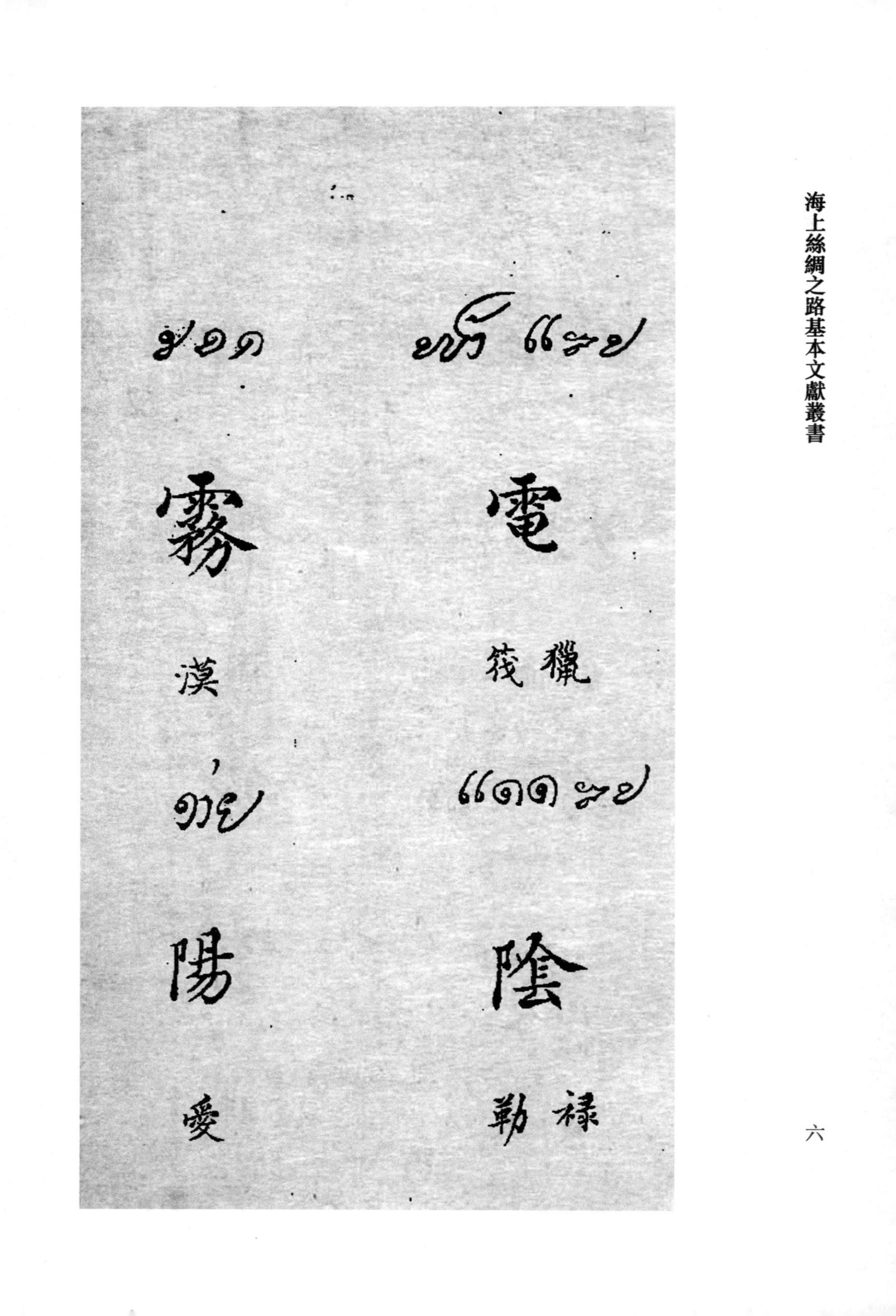

ฟ้าแลบ

電

筏獵

แดดลบ

陰

勒祿

หมอก

霧

漠

ท่าย

陽

愛

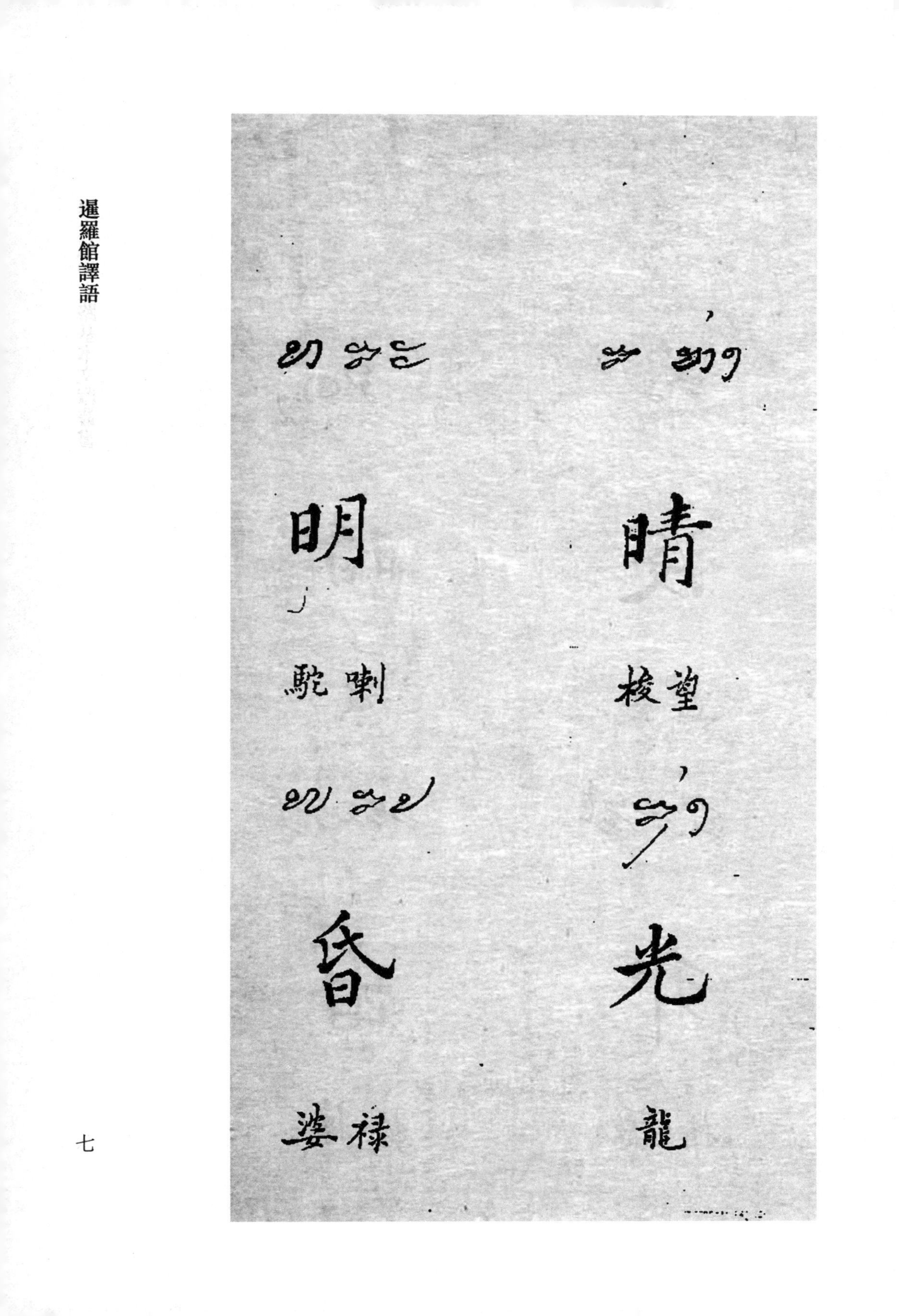

晴

梭望

光

龍

明

駝喇

昏

婆祿

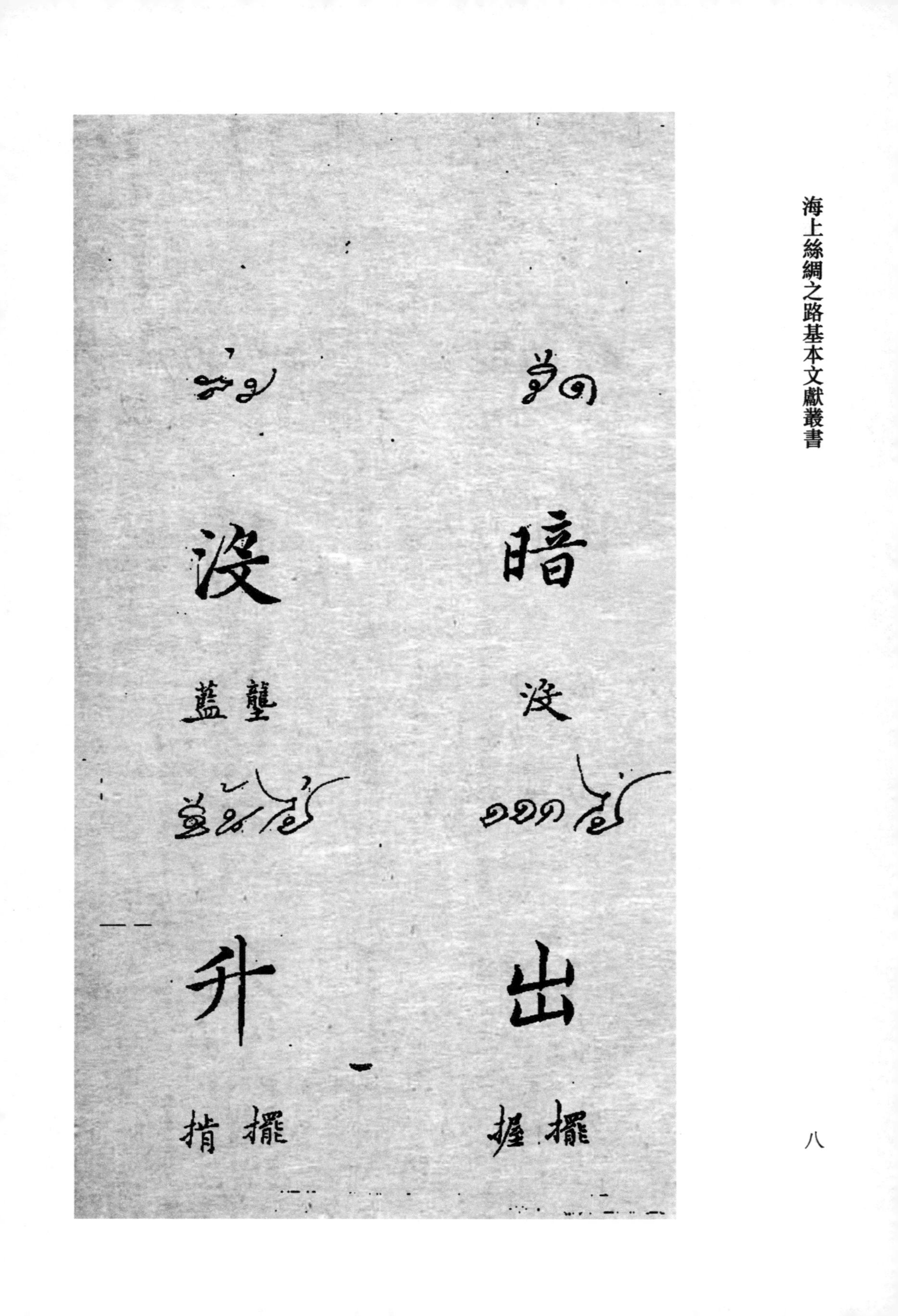

[illegible]

暗

沒

[illegible]

出

擺握

[illegible]

沒

藍璧

[illegible]

升

擺揹

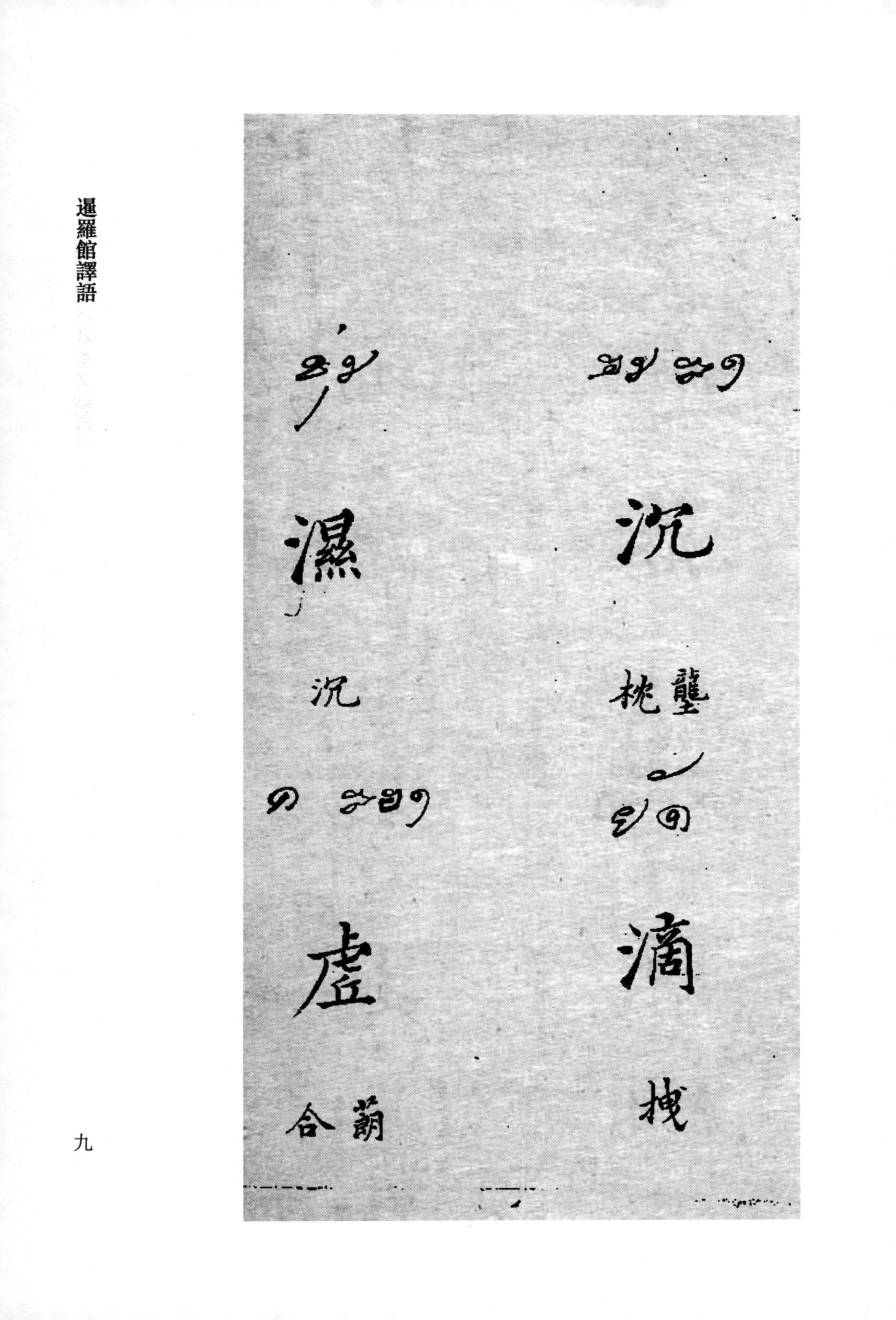

จมลง

沉

枕龔

หยด

滴

棧

ชุ่ม

濕

沉

กลวง

虛

合蒻

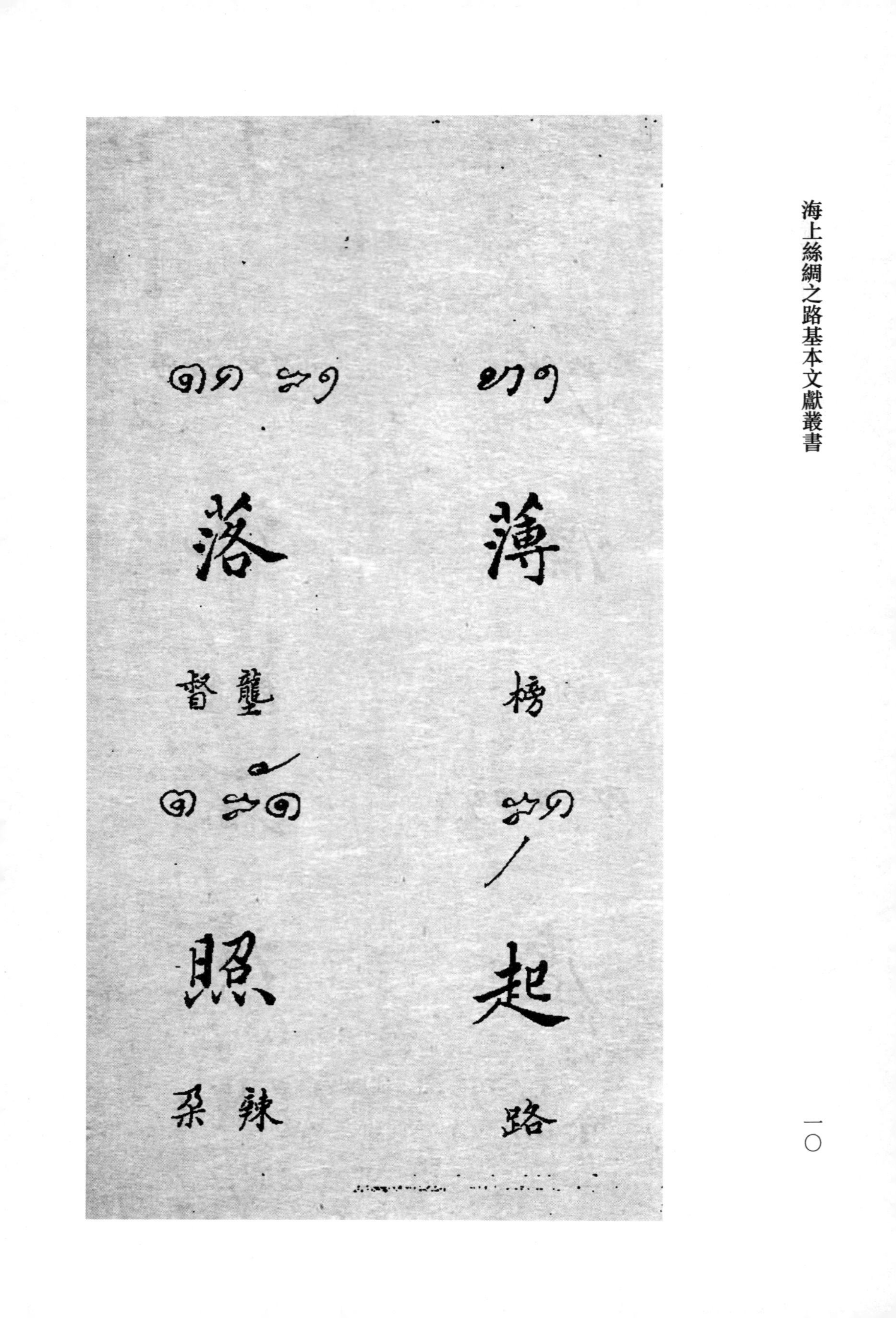

薄 榜

起 路

落 壟督

照 辣朶

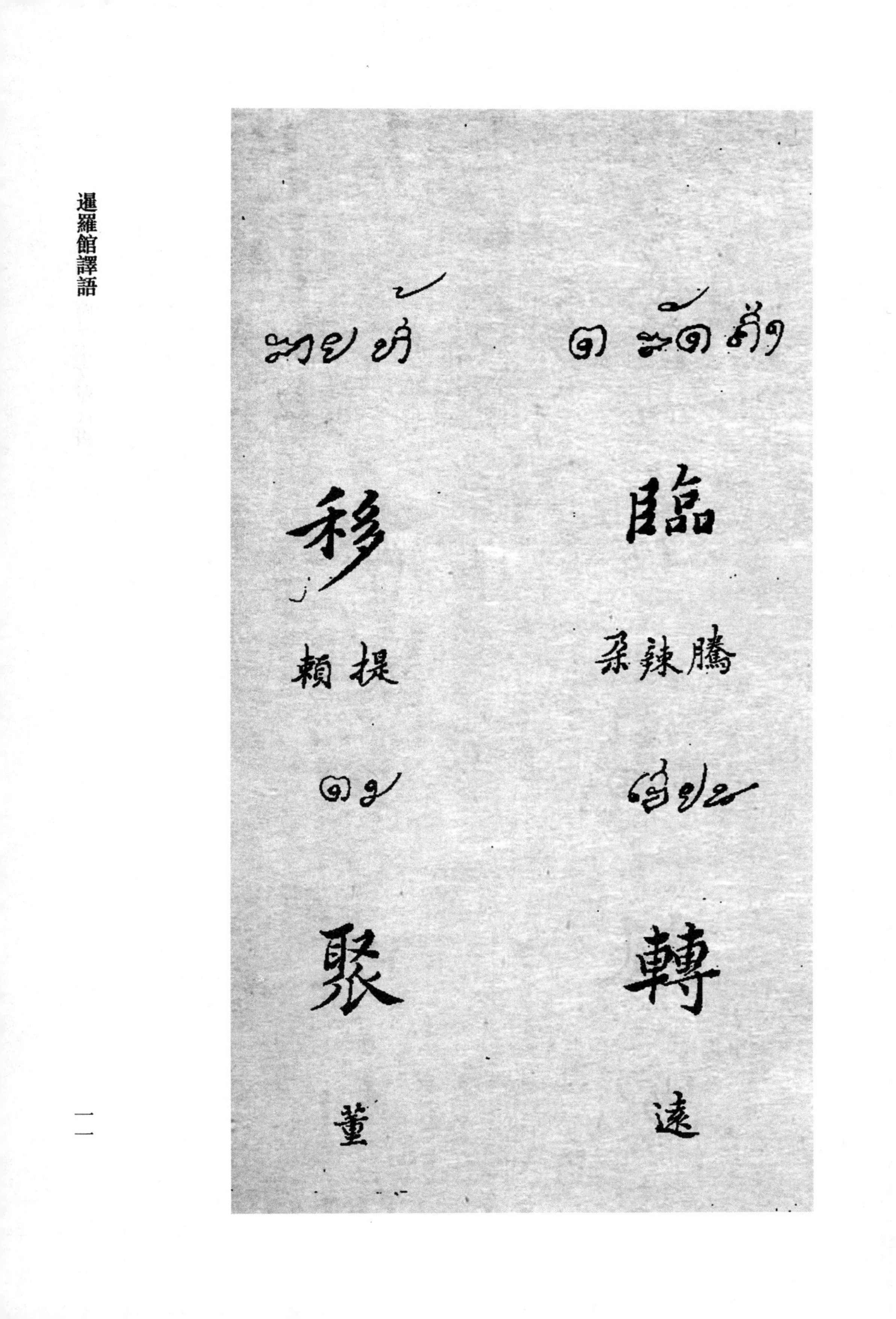

臨

朶辣騰

轉

遠

移

賴提

聚

董

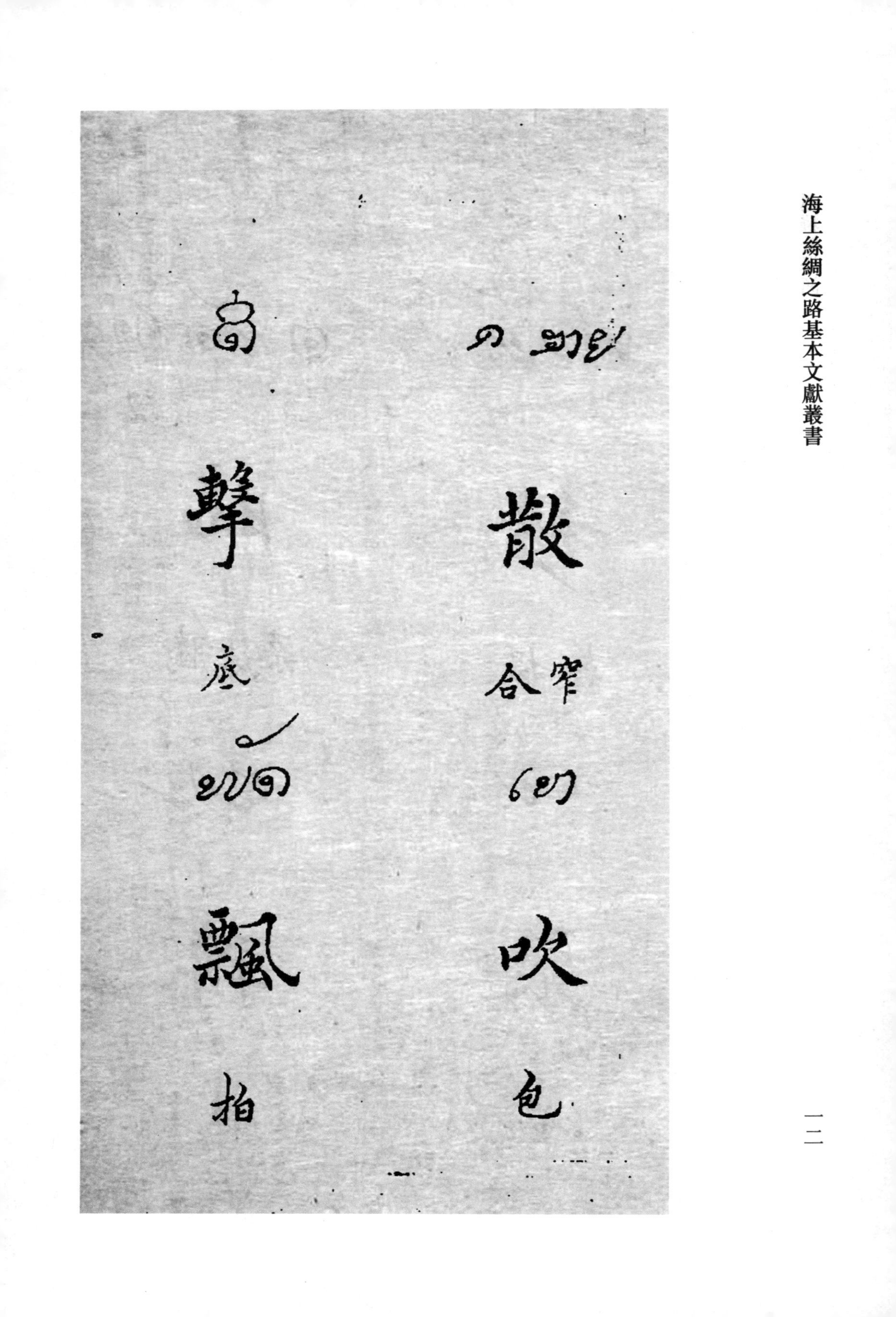

ขจาย

散

窄合

เปา

吹

包

ตี

擊

底

พัด

飄

拍

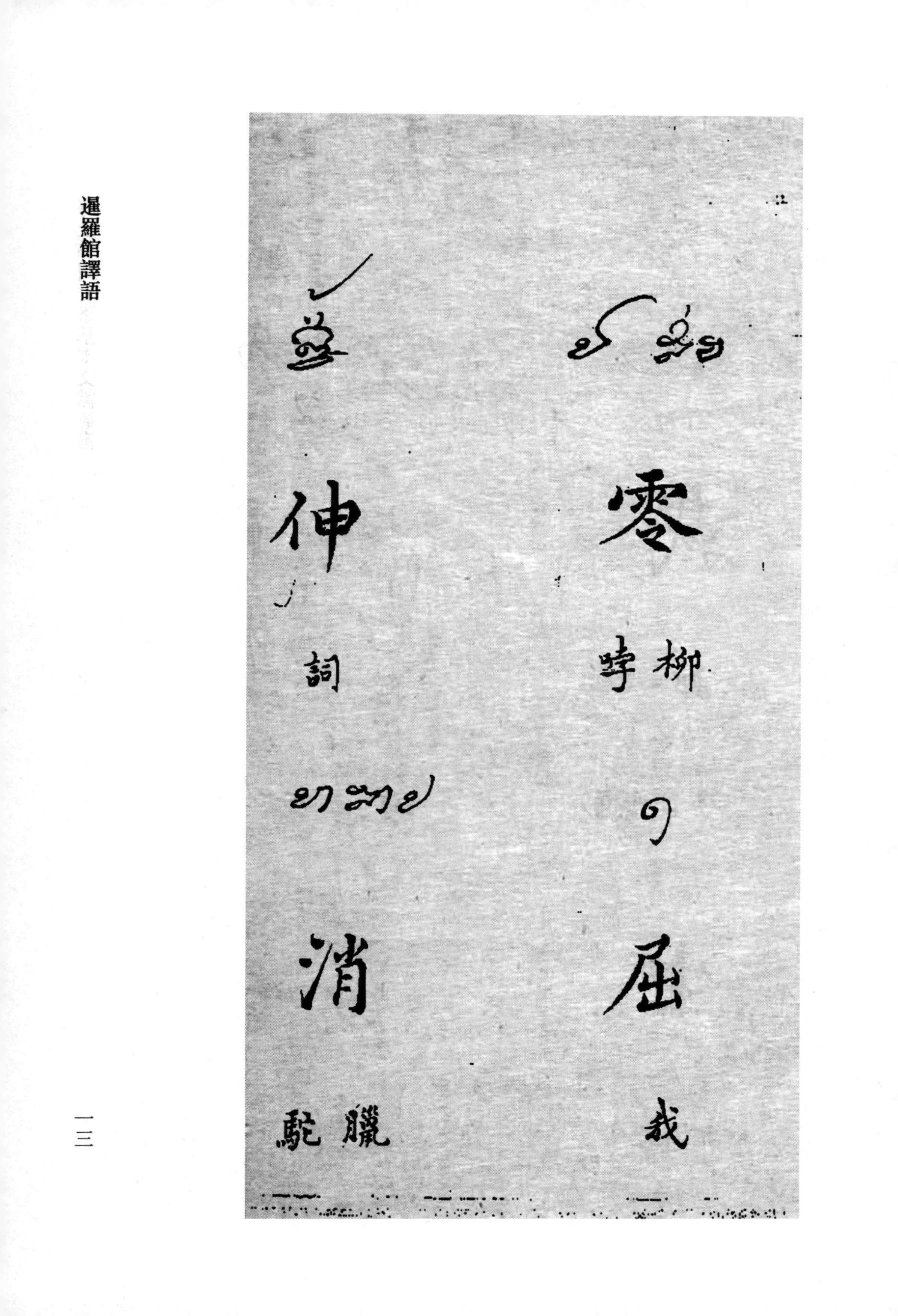

零
柳哼

屈
我

伸
詞

消
臘駝

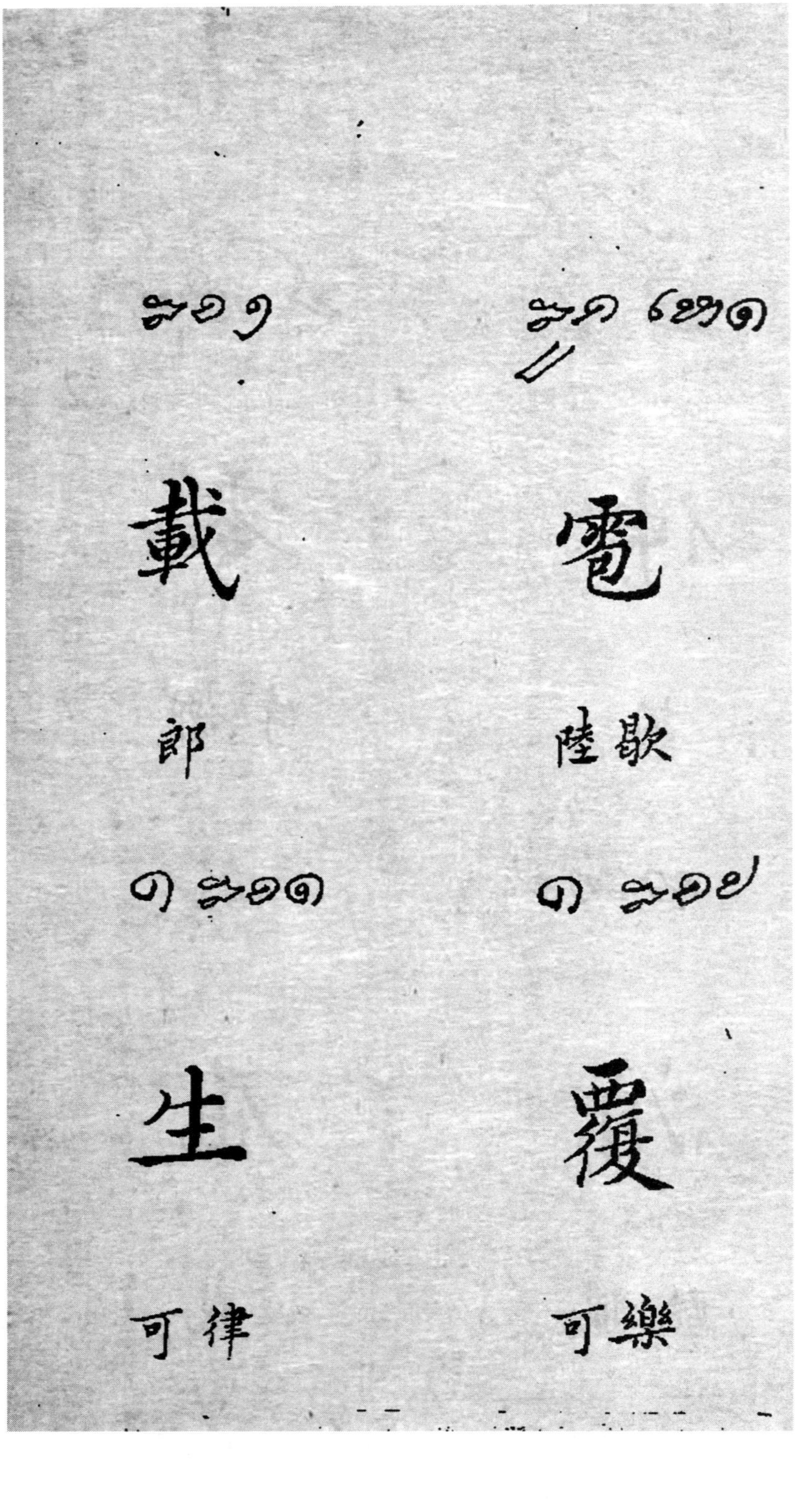

雹

陸歌

載

郎

霞

可樂

生

可律

成
扁

火
淮

虹
龍

天高
筏聲

ฟ้าสว่าง

天晴

筏梭望

แดดออก

日出

勒握

ฟ้าแดดรย

天陰

筏勒祿

ตวันตก

日落

朶晚篤

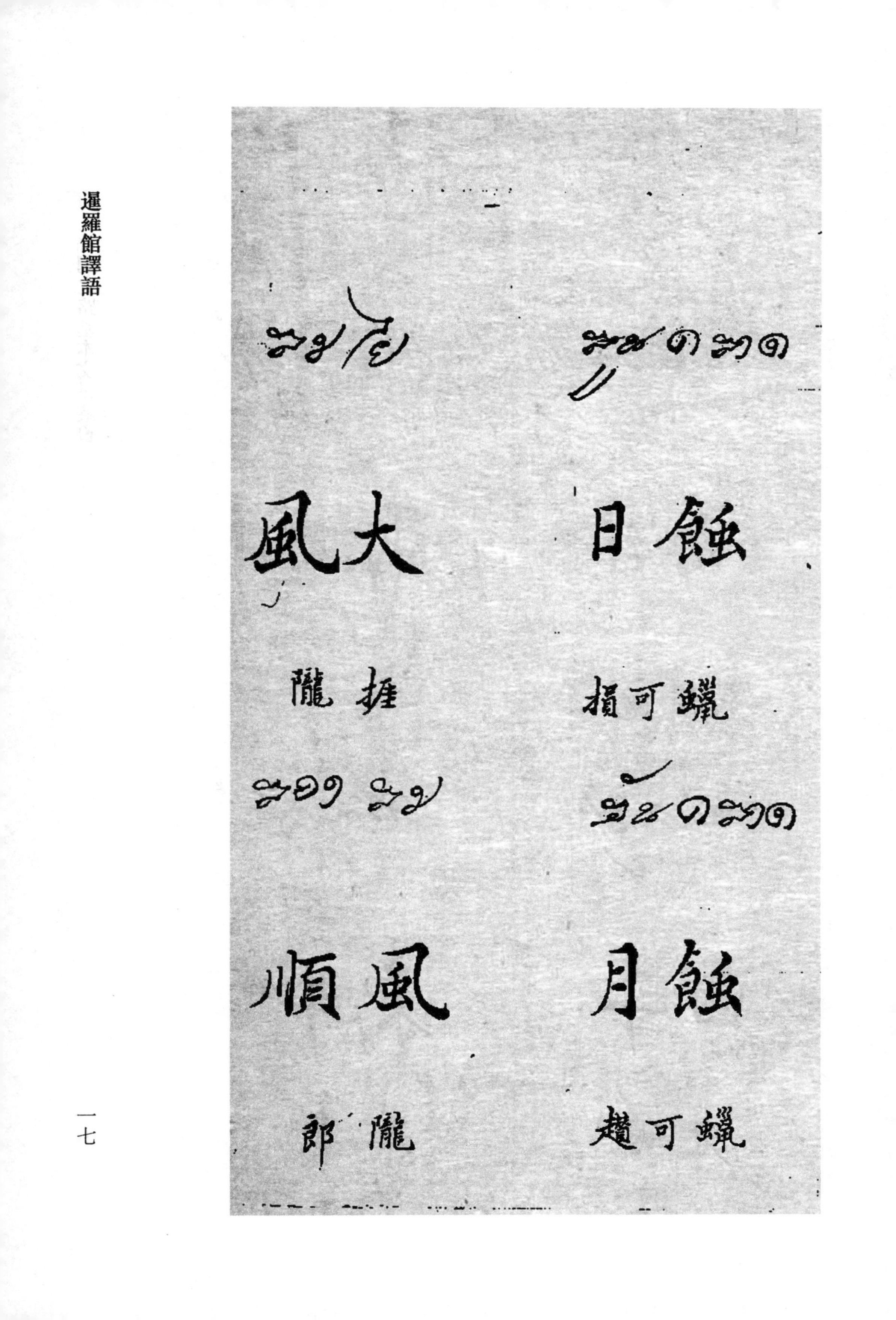

日蝕

揖可蠟

月蝕

趲可蠟

風大

隴捱

順風

郎隴

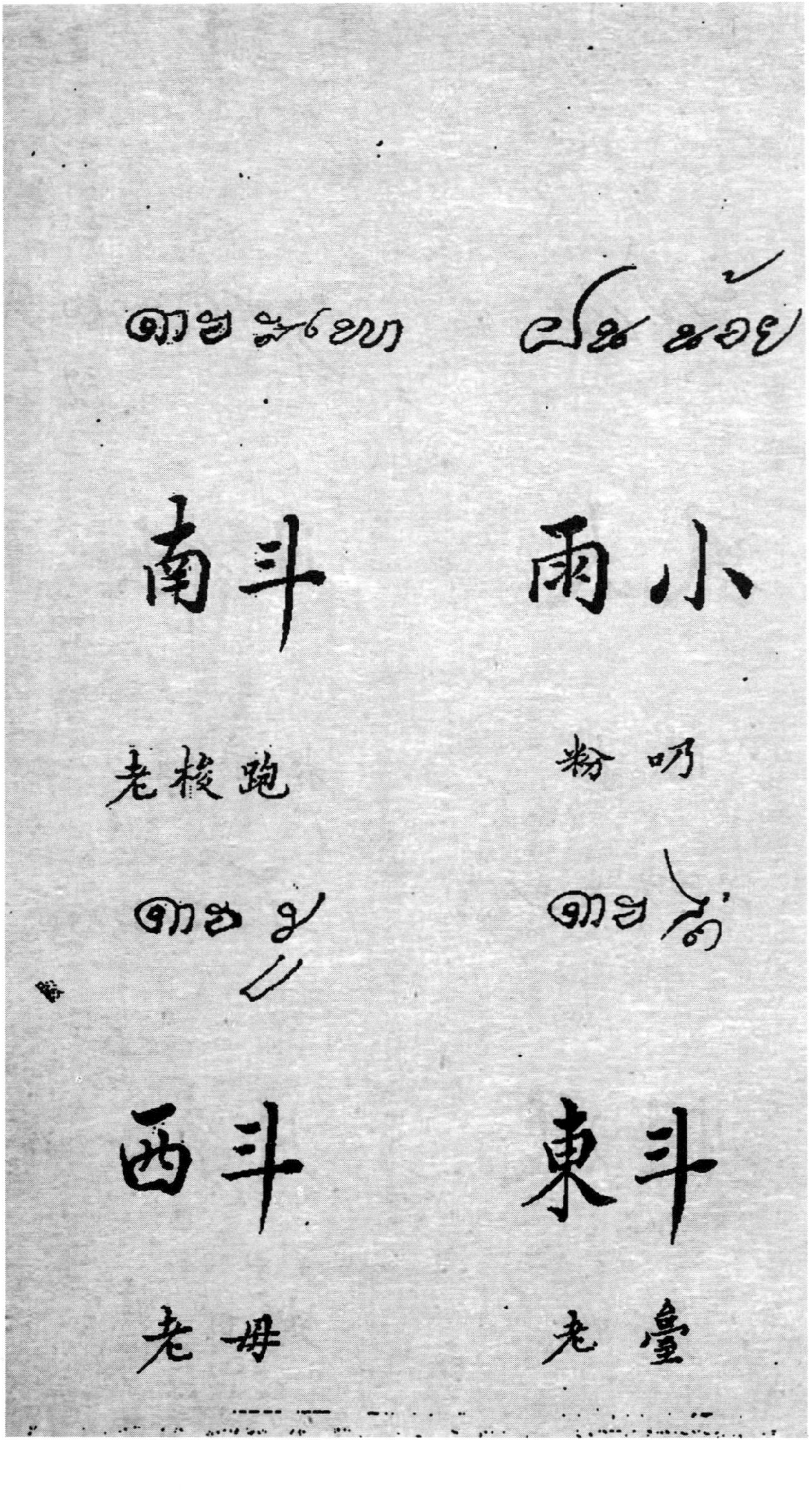
雨小
粉吶
東斗
老臺

南斗
老梭跑
西斗
老毋

ลม พัด

風吹

隴怕

ดาวจรเข้

北斗

老朵氣

ตาก แดด

日晒

打勒

ฟ้า รอง

雷響

筏郎

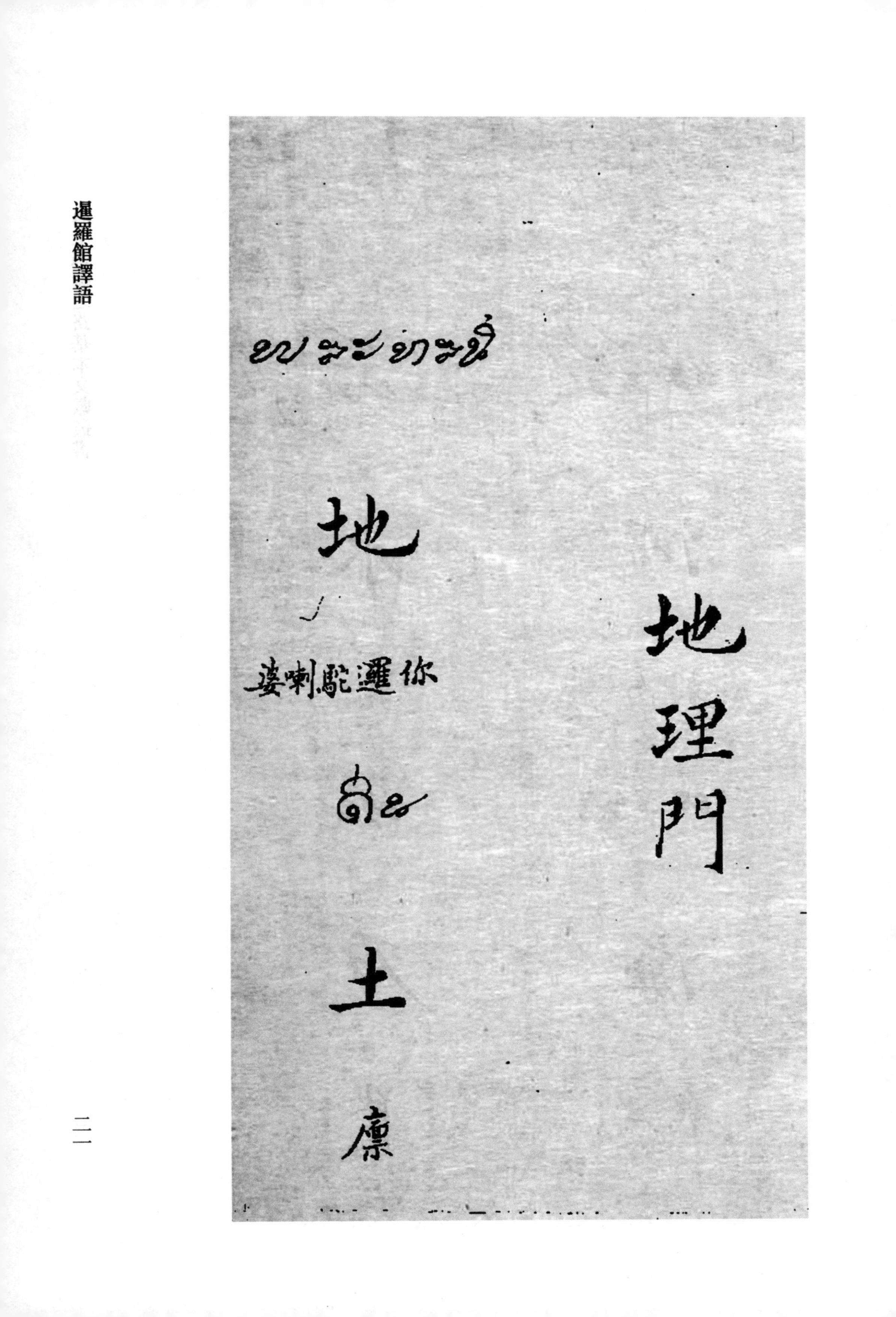

地理門

พระธรณี

地

婆喇駝邏你

ดิน

土

廪

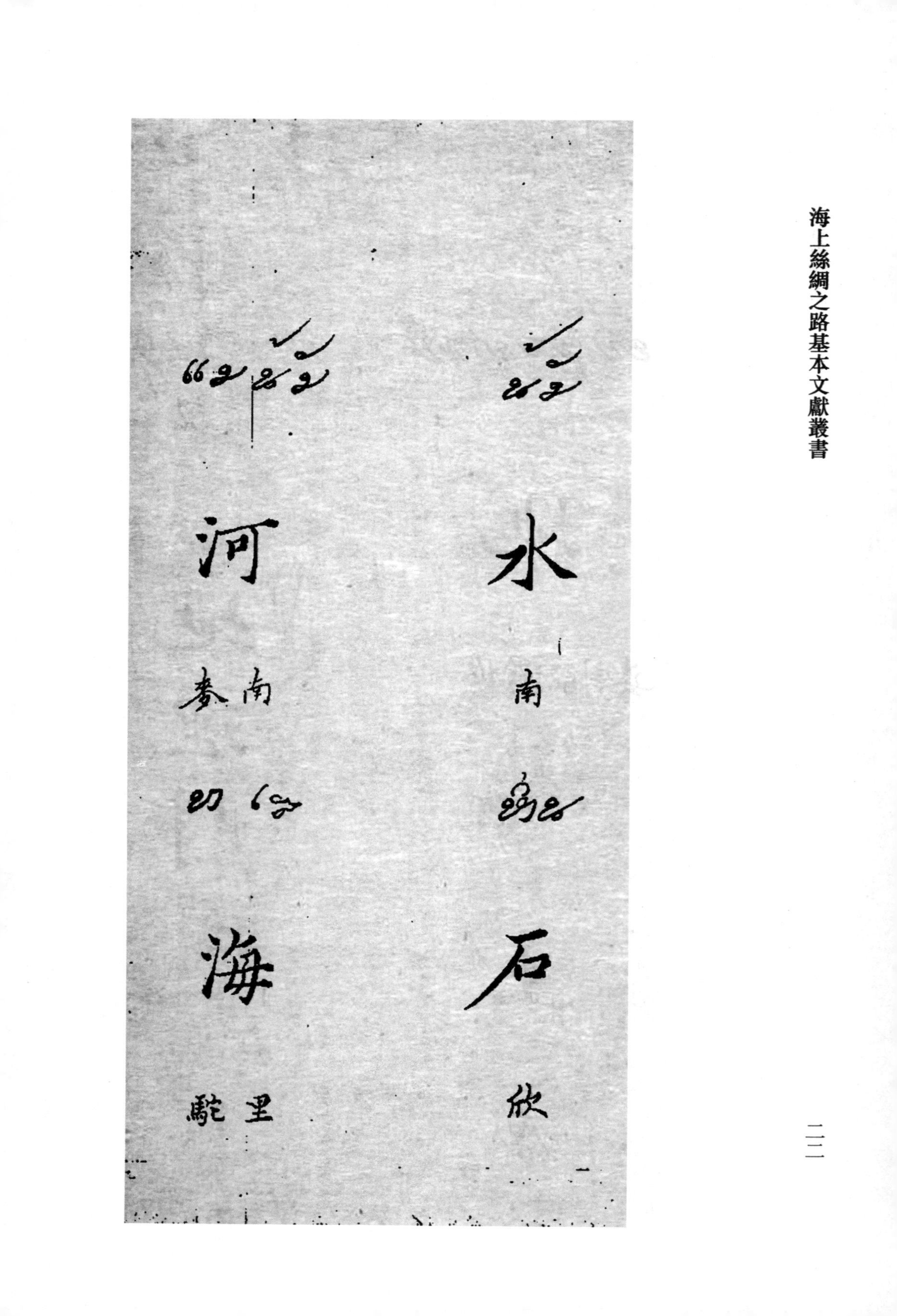

น้ำ

水

南

หิน

石

欣

แม่น้ำ

河

參南

ทะเล

海

駝里

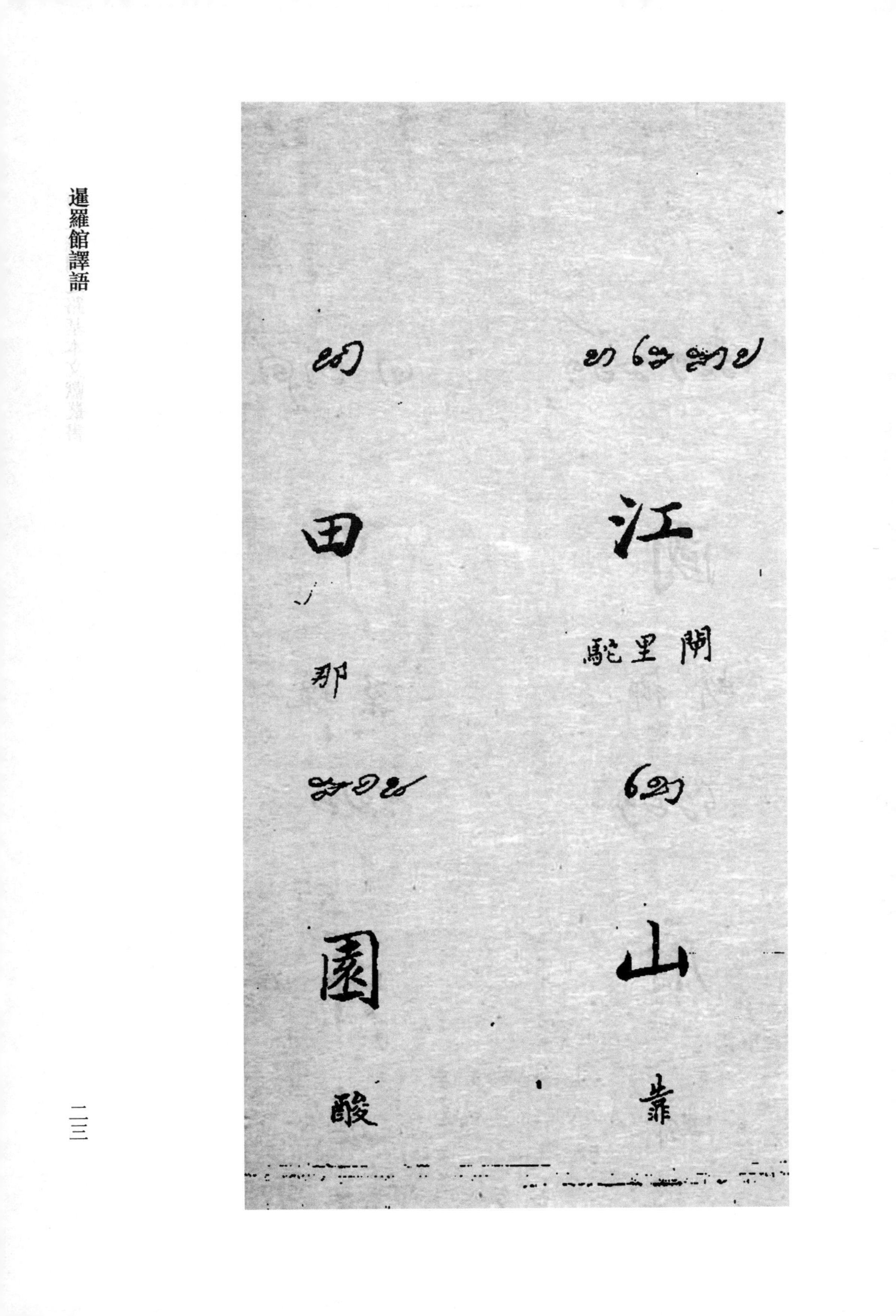

[illegible]

江

開里駝

เขา

山

靠

นา

田

那

สวน

園

酸

ตลาด

市

朵蠟

บอ

井

婆

เมือง หลวง

國

蟒柳

เมือง

府

蟒

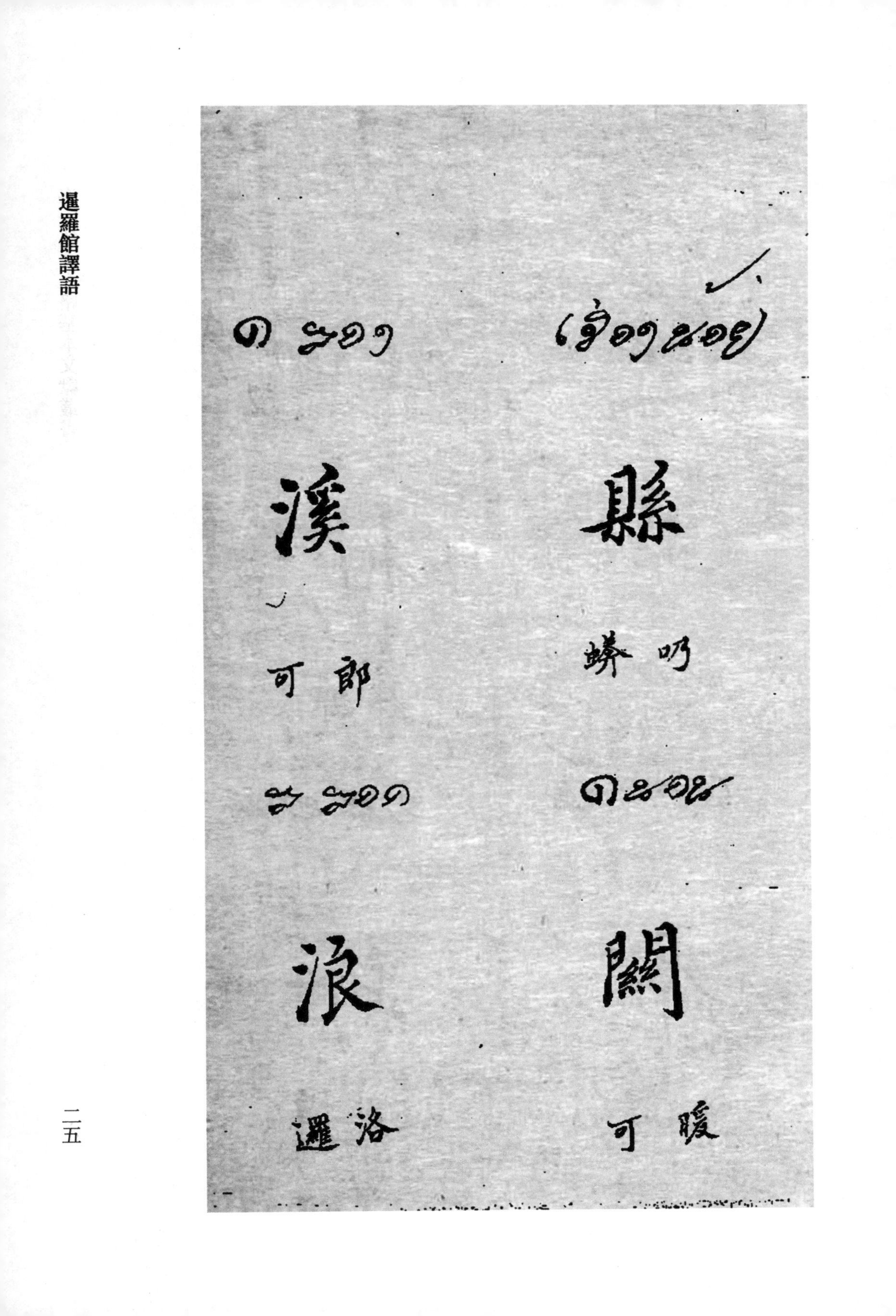

[illegible]

縣

蟒吻

[illegible]

關

可暖

[illegible]

溪

可郎

[illegible]

浪

邏洛

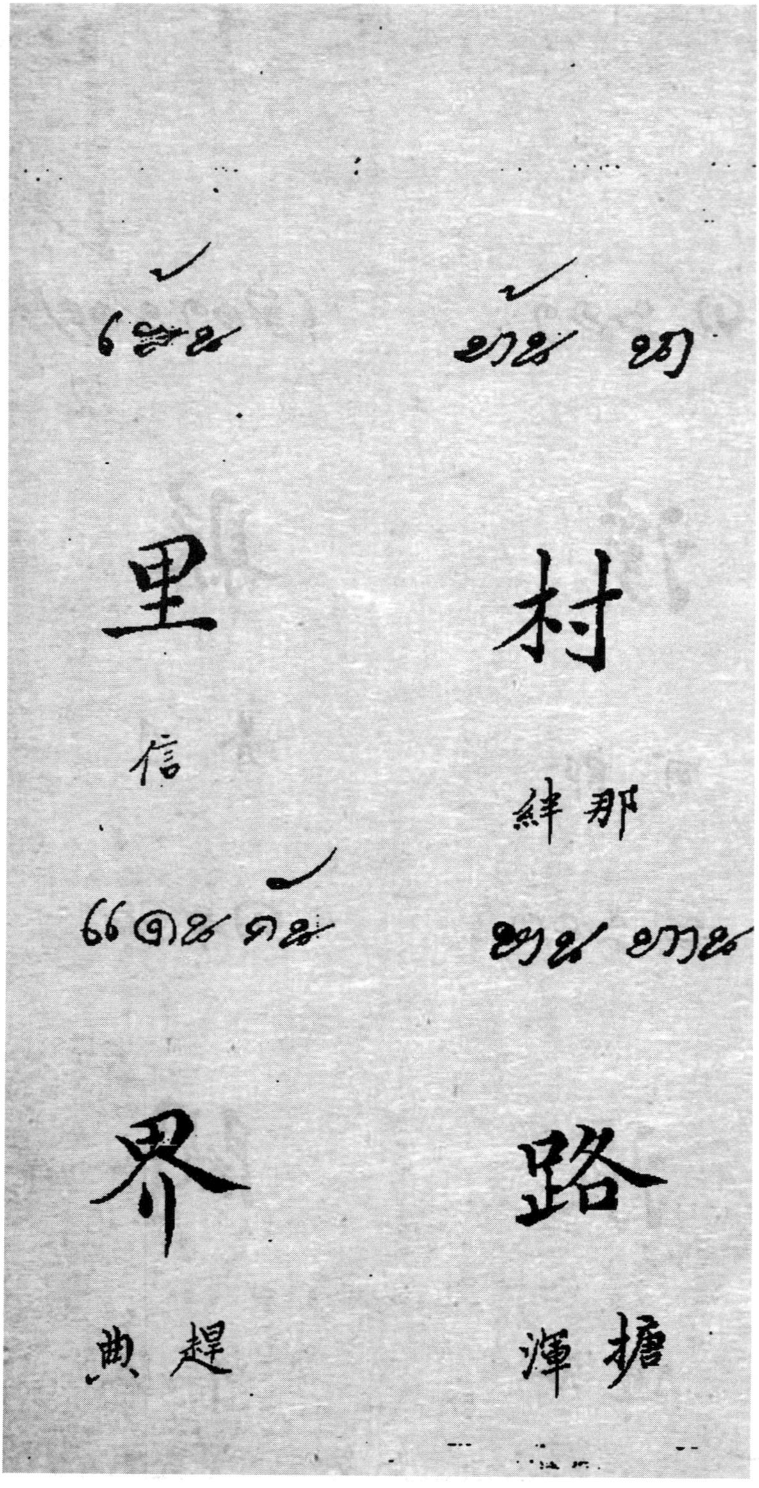

村

那絆

里

信

路

塘渾

界

趕曲

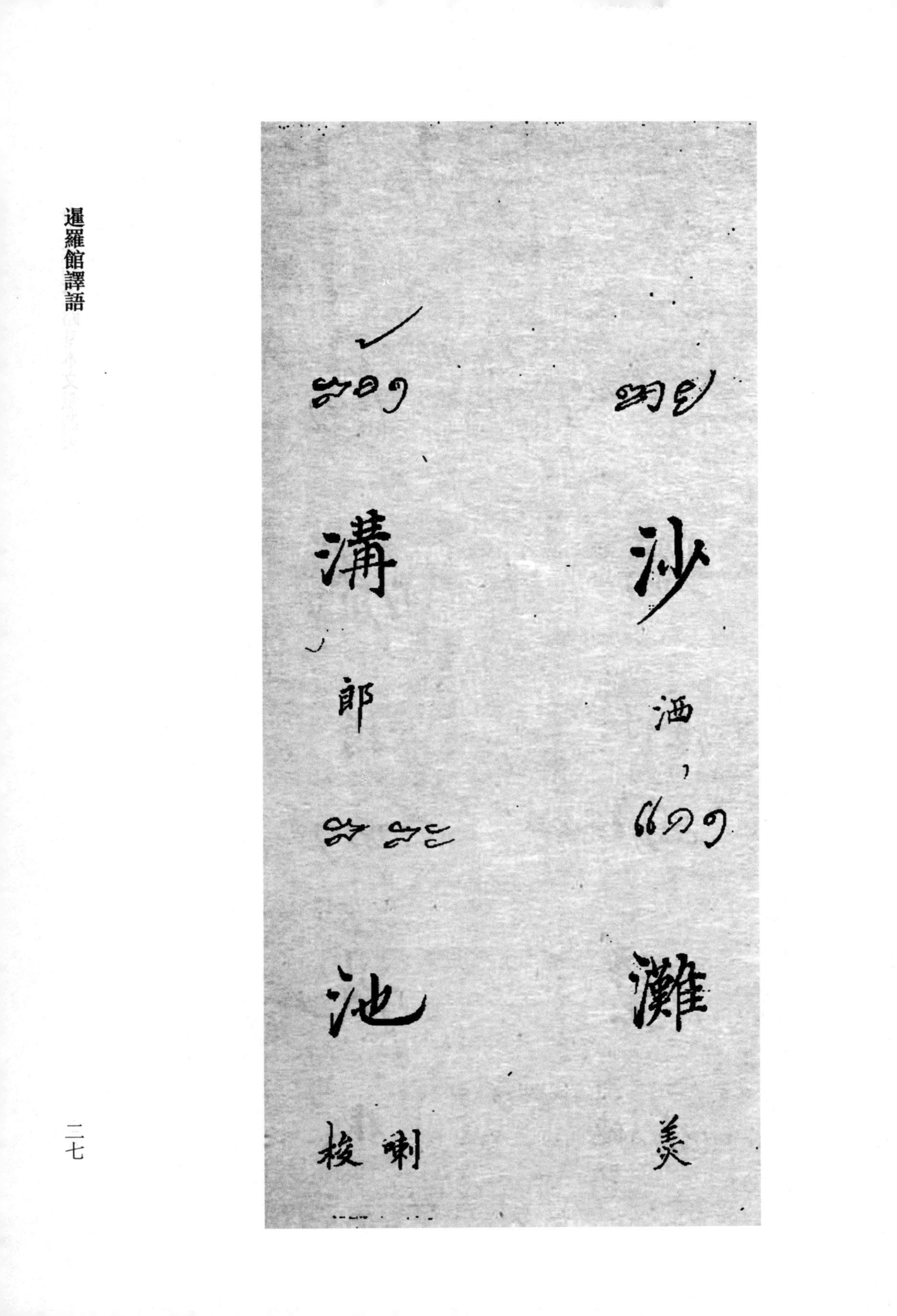

ทราย
沙
洒
แทา
灘
羡

คลอง
溝
郎
สระ
池
梭喇

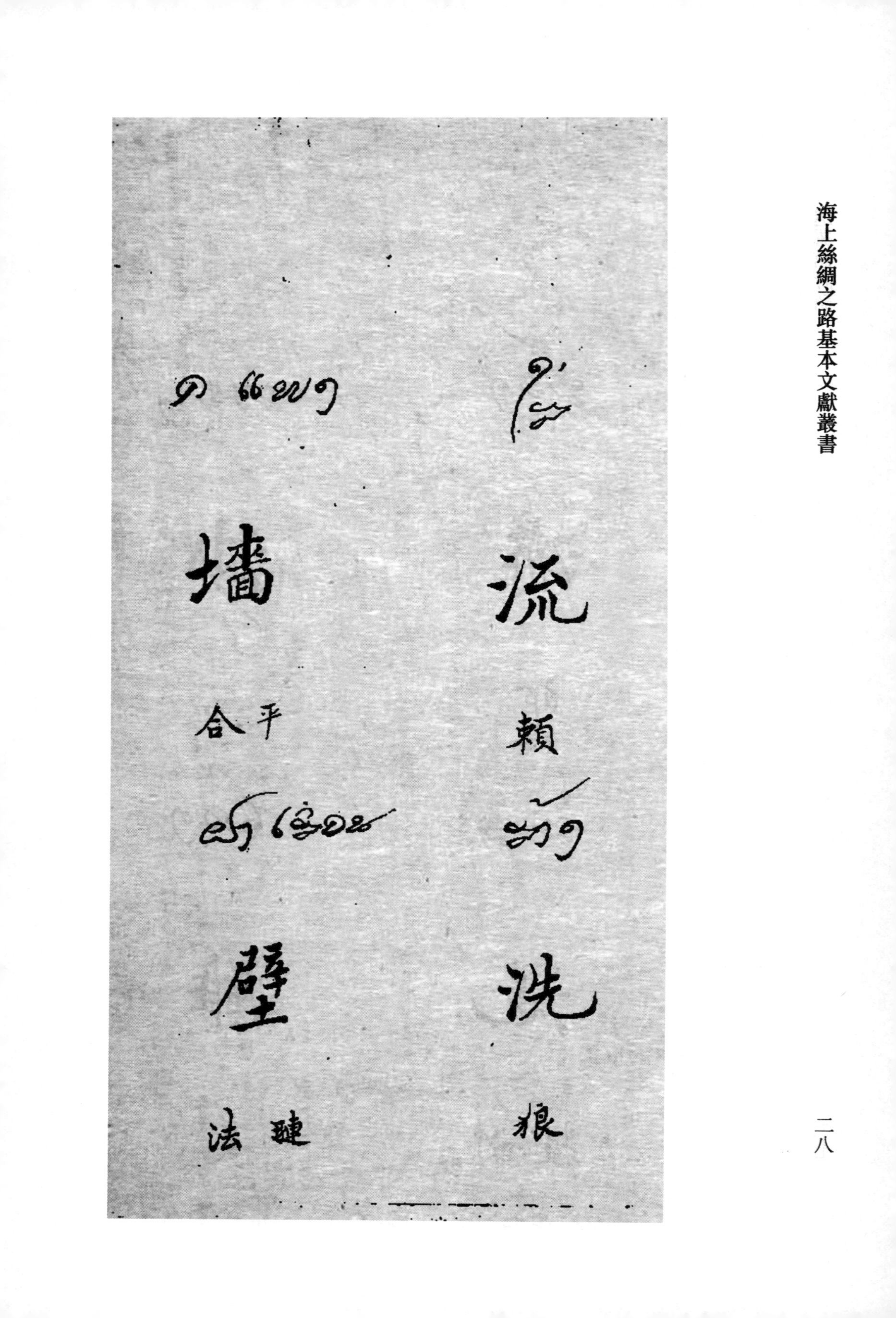

ไหล

流

賴

ล้าง

洗

狼

กำแพง

墻

合平

ฝาเรือน

壁

法璉

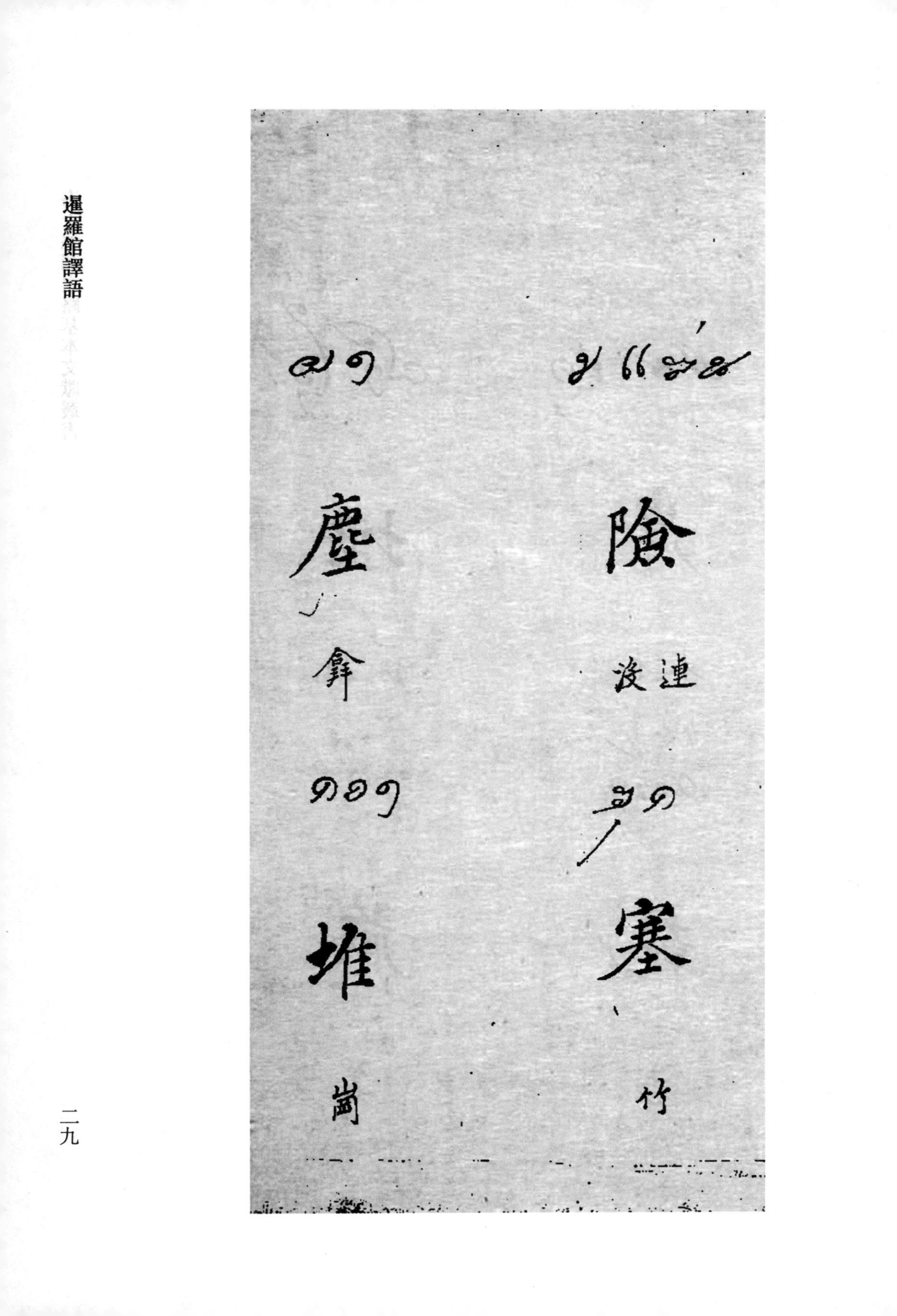

險

連沒

塞

竹

塵

[illegible]

堆

崗

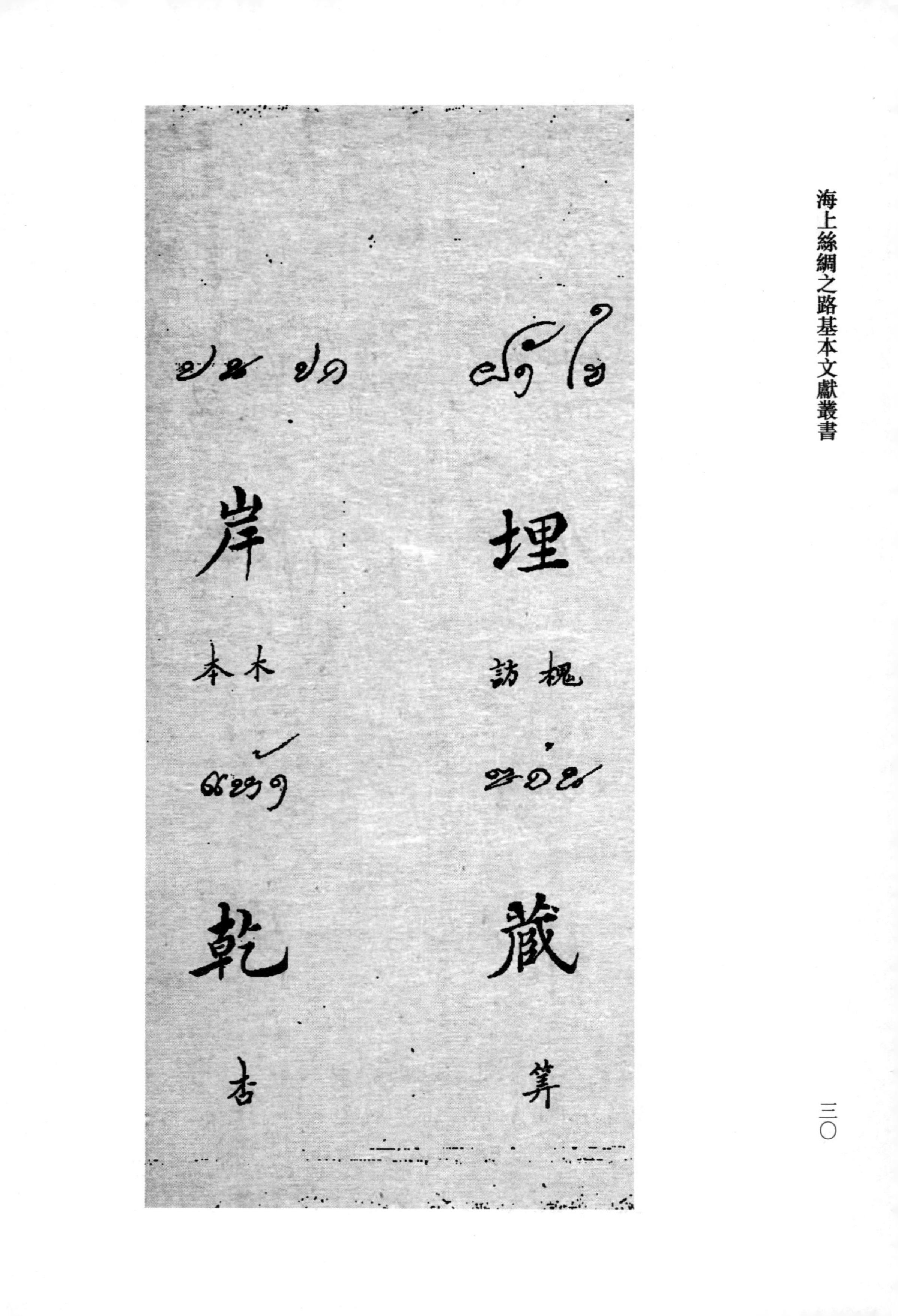

ฝังใว้

埋

訪槐

ซ่อน

藏

筭

ฝั่ง บก

岸

本木

แห้ง

乾

杏

แคบ

窄

恰

กว้าง

闊

誆

ก แพง

城

合平

ค้ง เขา

嶺

勘靠

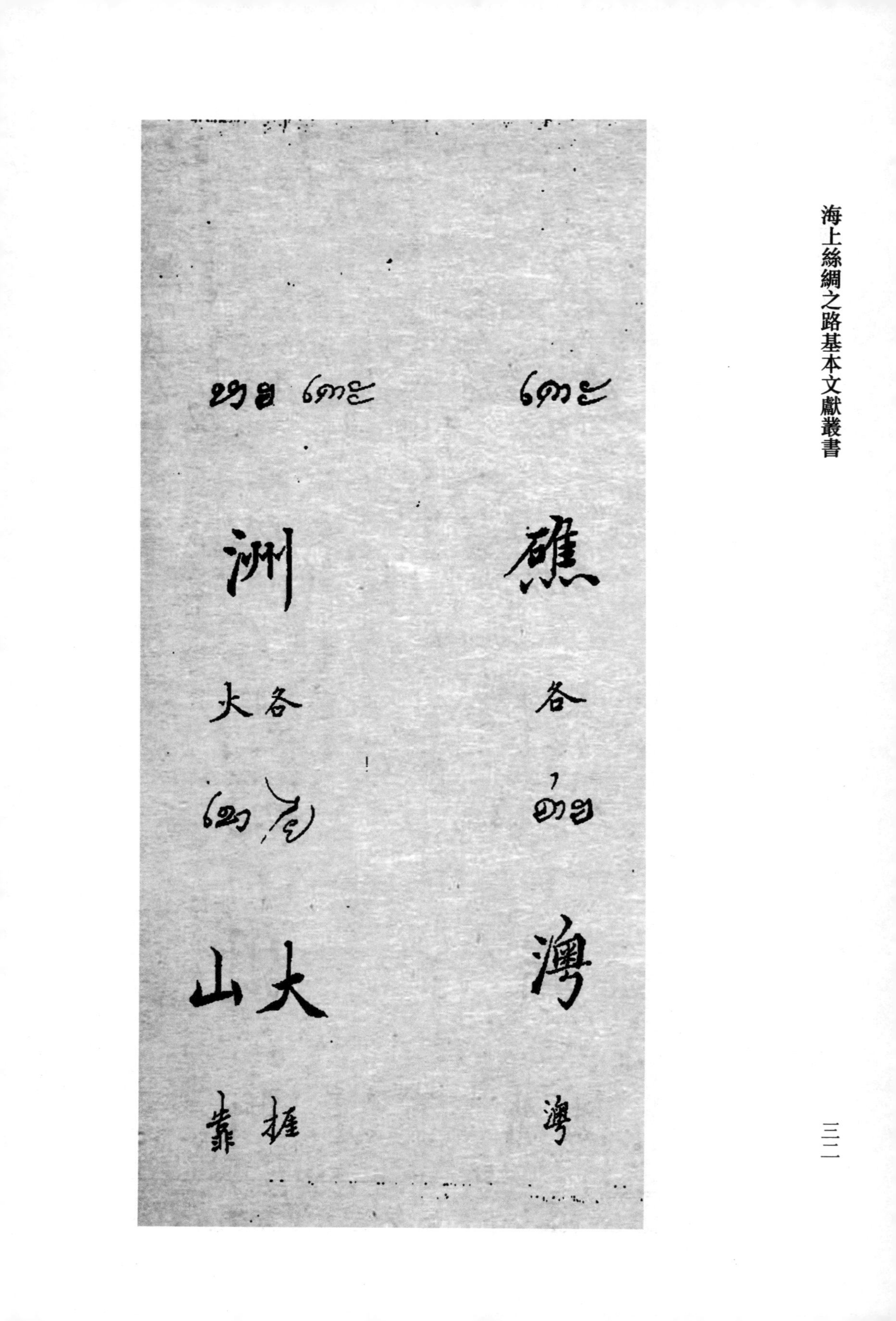

เกาะ

礁

各

อ่าว

灣

灣

หาด เกาะ

洲

火各

เขา ใหญ่

大山

靠棰

เขาน้อย

小山

靠明

หินน้อย

小石

欣明

หินใหญ่

大石

欣捱

น้ำใหญ่

大水

南捱

น้ำน้อย
水小
南吻

น้ำขึ้น
水長
南揹

น้ำลง
水退
南壟

น้ำจืด
水淡
南卒

น้ำเค็ม

水鹹

南撿

ทเลใหญ่

海大

駝里揑

น้ำไหล

水流

南賴

ทางไกล

路遠

塘合乃

ทางใกล้

路近

攎合賴

ต้าเช็ง

大清

大清

น้ำแห้ง

水乾

南杏

ศรีอยุธยา

暹羅

洗欲颱雅

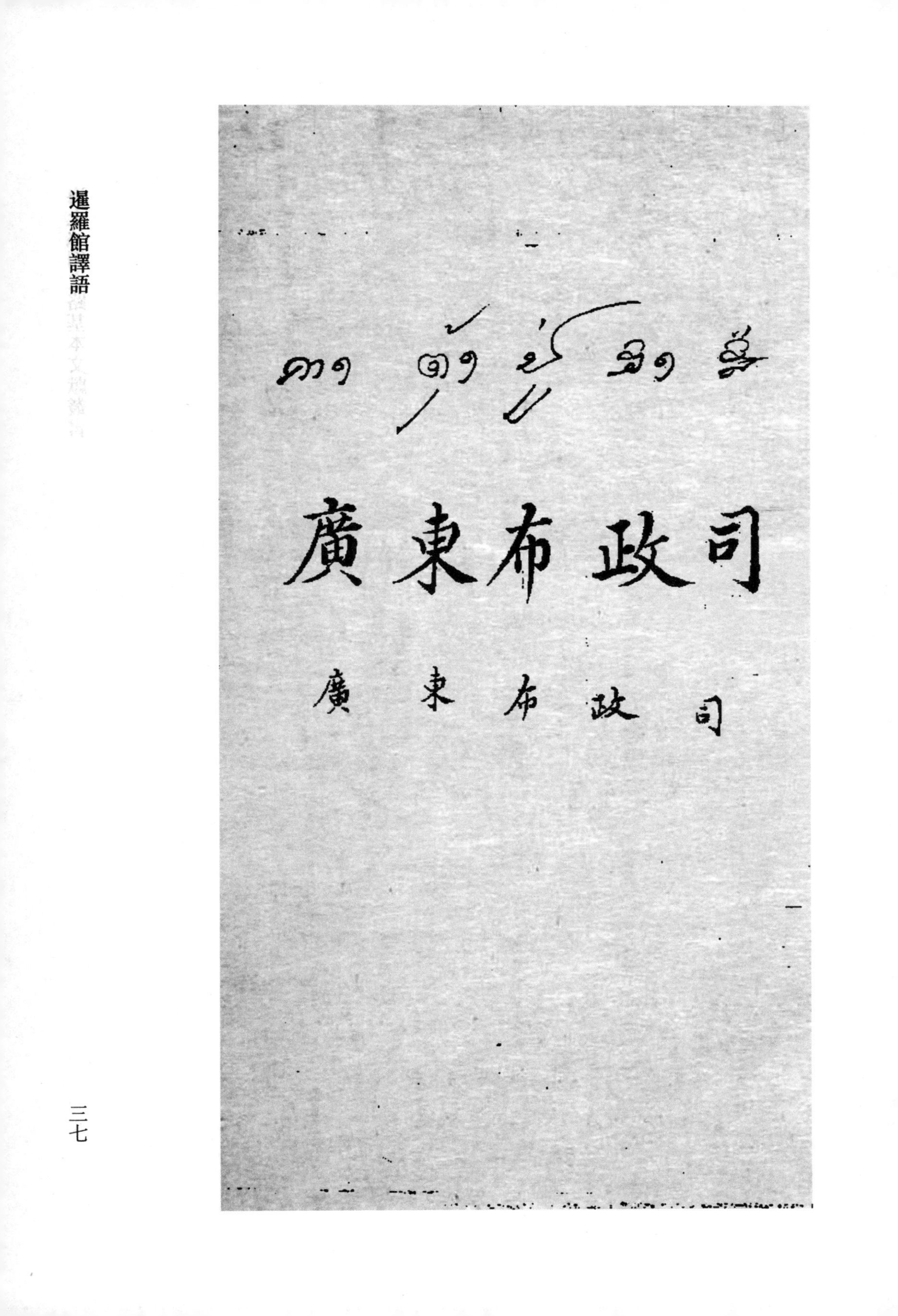

กวาง ตัง ปู่ ชิง ซื้

廣東布政司

廣 東 布 政 司

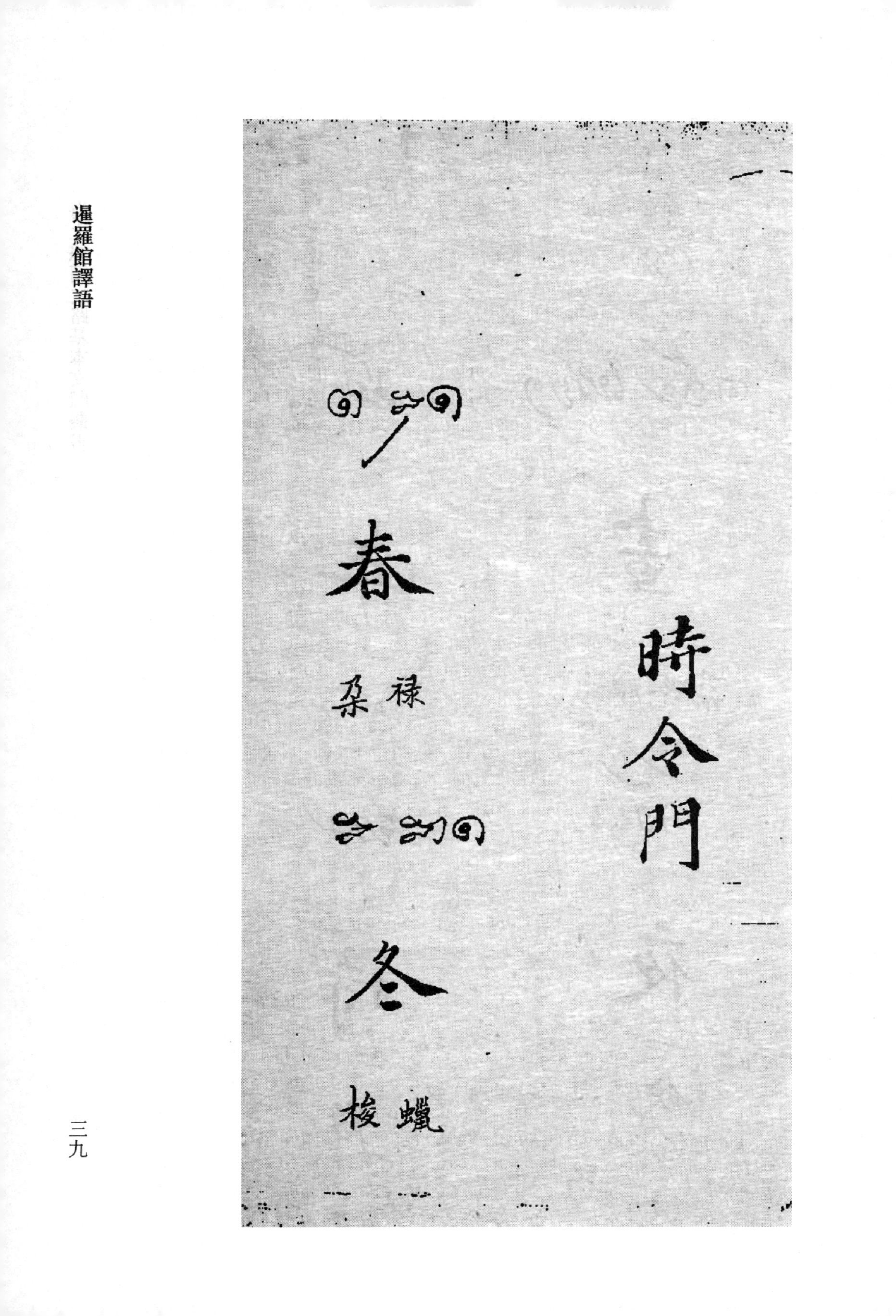

時令門

春

禄朶

冬

蠟梭

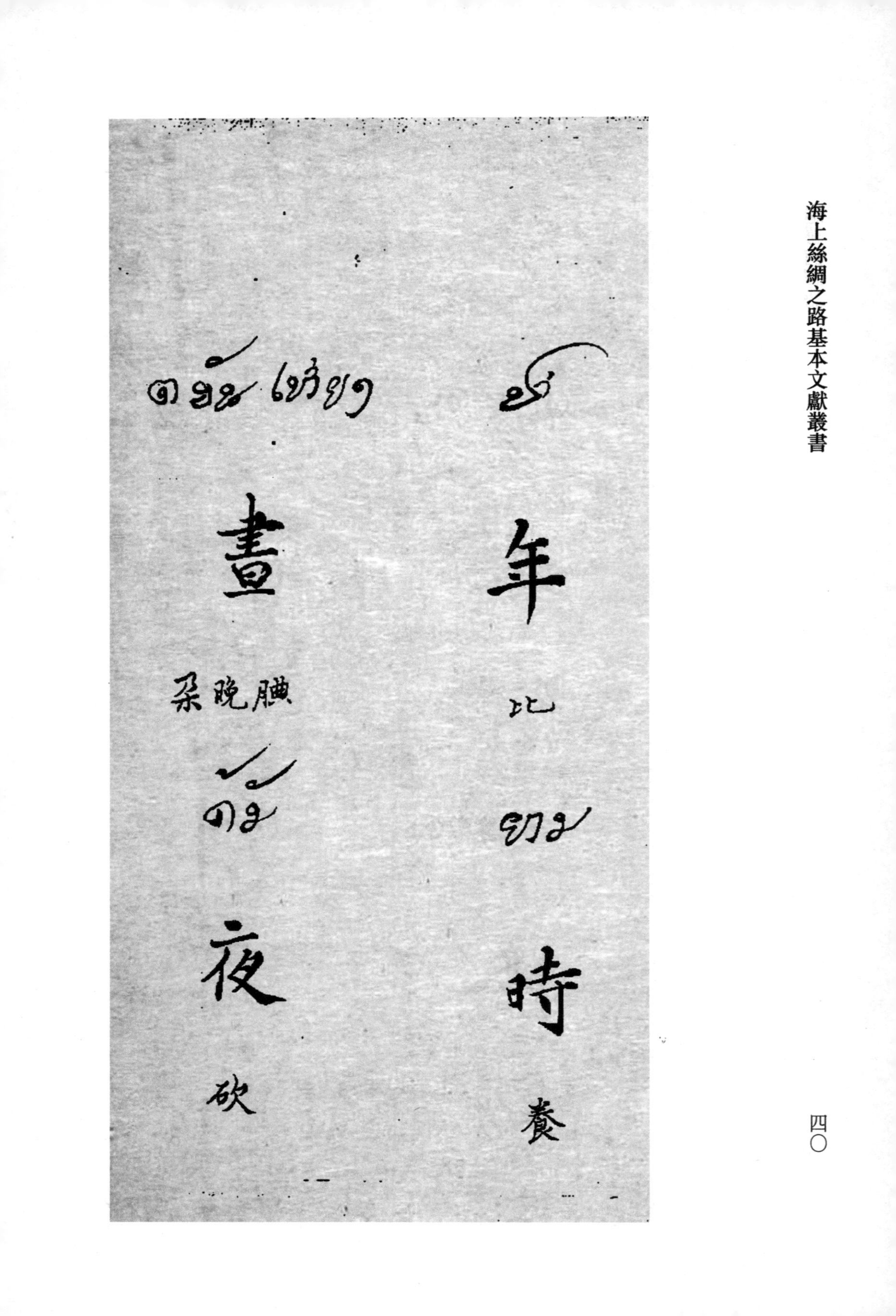

ปี
年
比

ยาม
時
養

ตวันเที่ยง
晝
朶晩腆

คืน
夜
砍

ออกใหม่

朔

握賣

เดือนเพ็ง

望

臉平

ออกใหม่ค่ำหนึ่ง

初

握賣砍能

หนาว

冷

惱

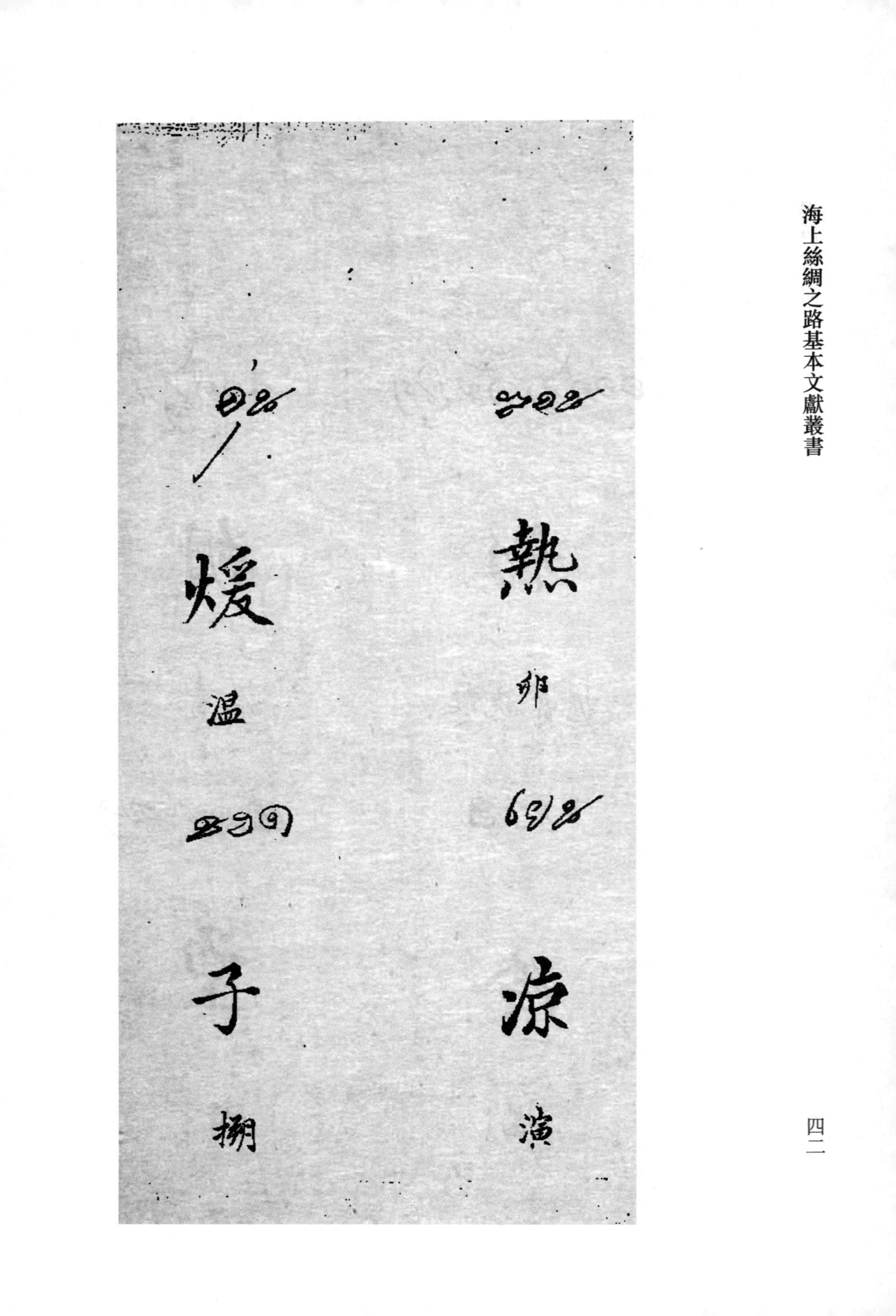

熱 那

涼 演

煖 温

子 掤

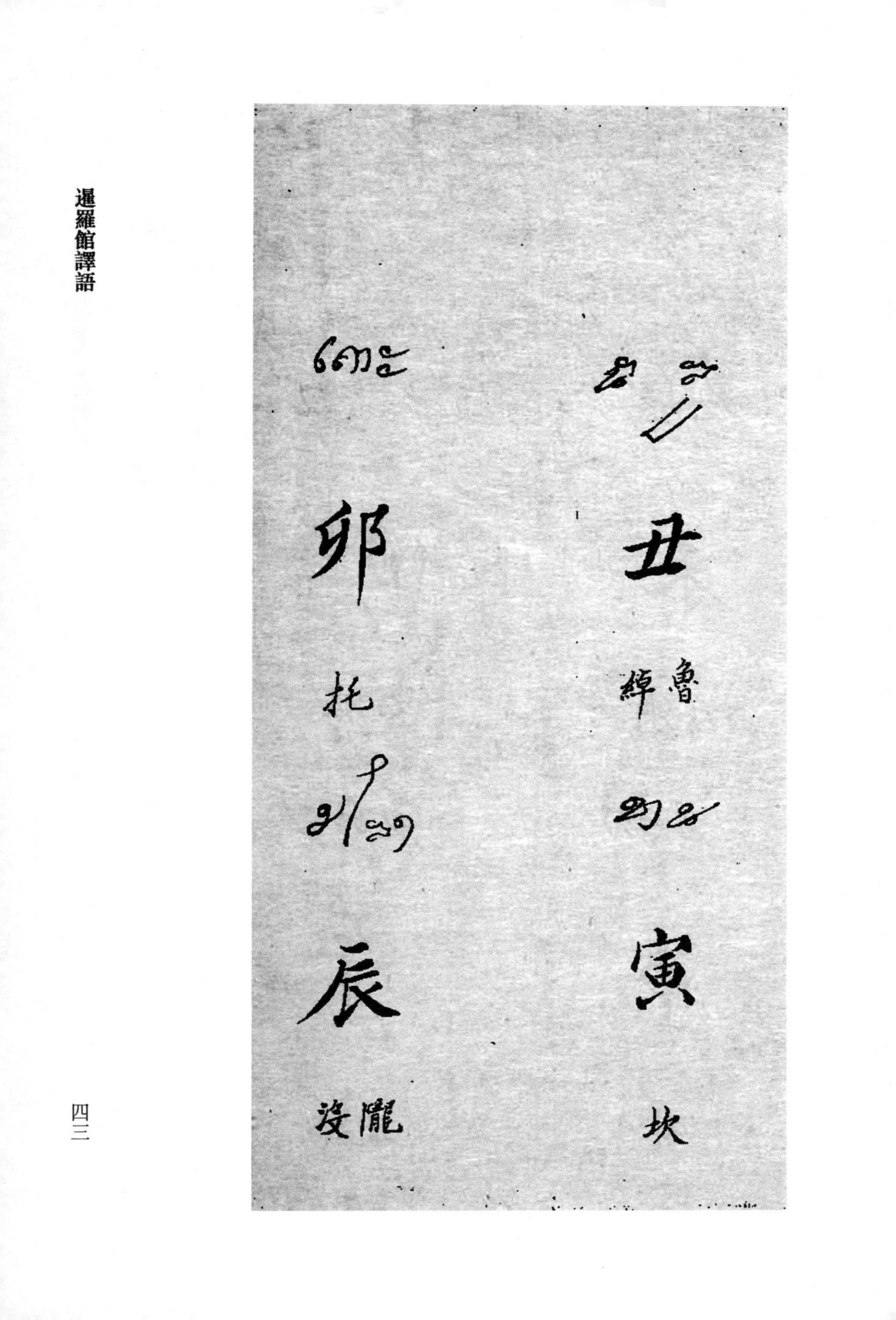

ฉลู

丑

綽魯

ขาล

寅

坎

เถาะ

卯

托

มะโรง

辰

沒隴

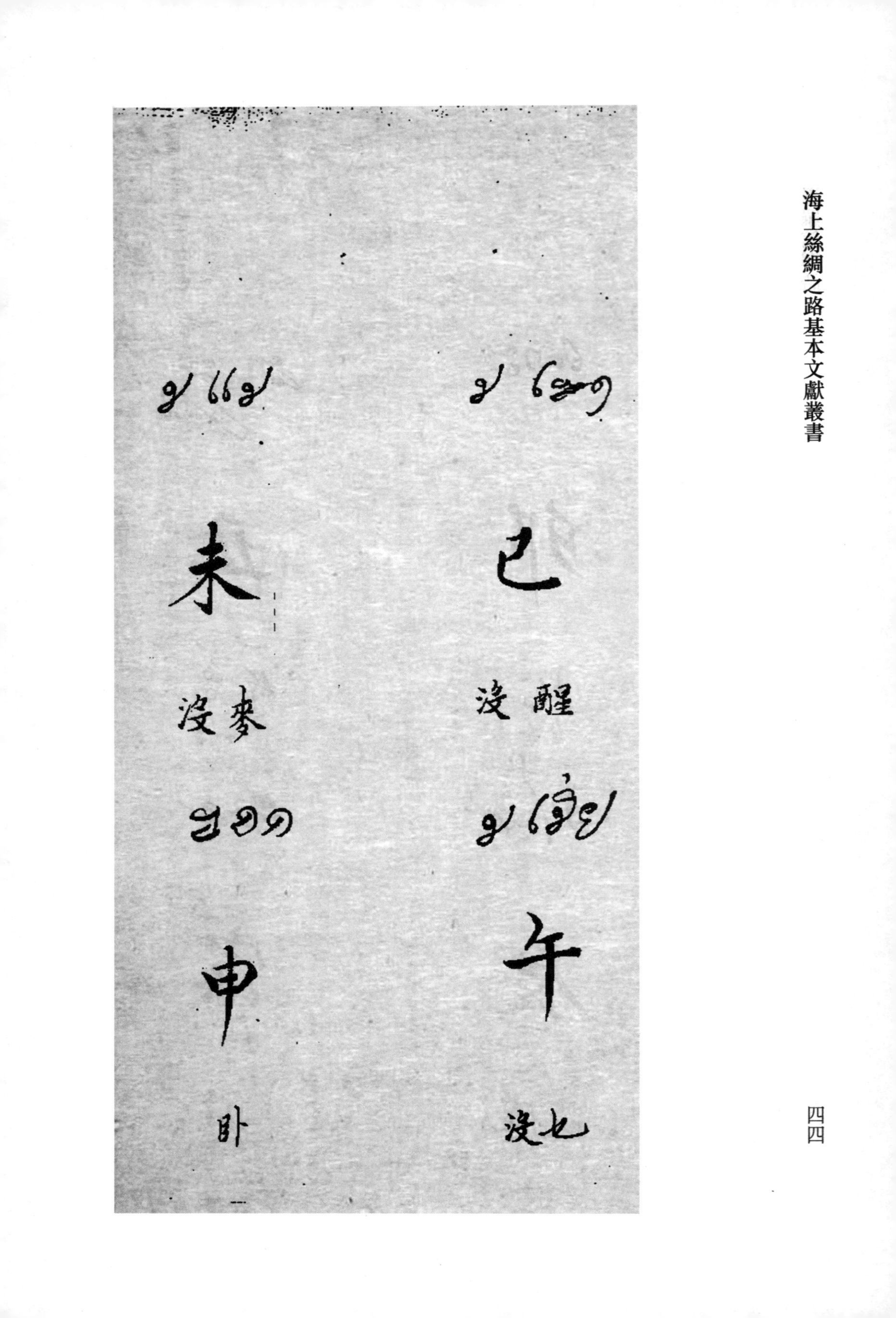

巳

沒醒

午

沒乜

未

沒麥

申

卧

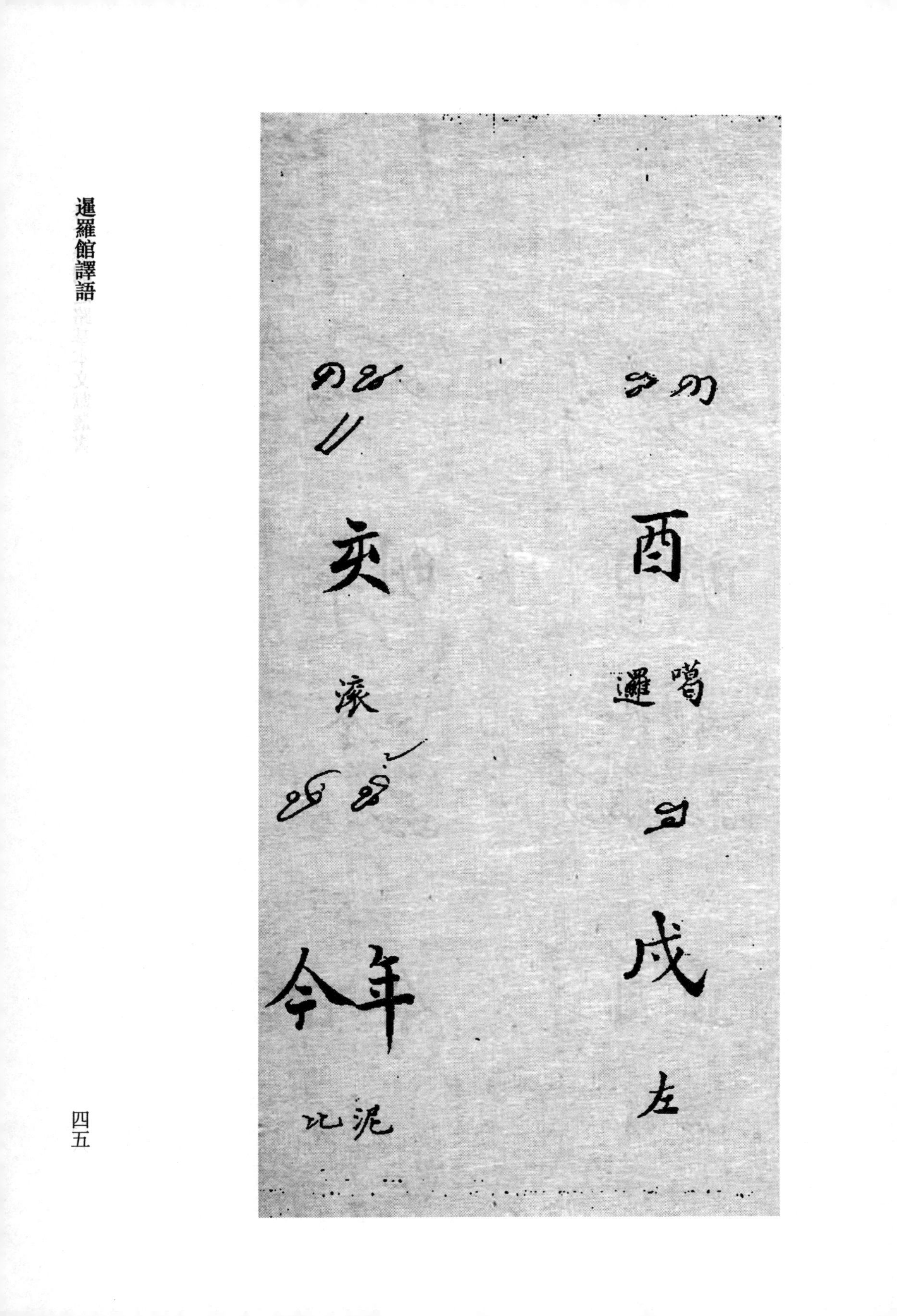

ระกา
酉
邏噶

จอ
戌
左

กุน
亥
滚

ปีนี้
今年
比泥

ปีหน้า

明年

比拿

วันนี้

今日

晚泥

พรุ่งนี้

明日

婆陸泥

เดือนอ้าย

正月

臉隘

เดือนยี่

二月

臉移

เดือนสาม

三月

臉三

เดือนสี่

四月

臉細

เดือนห้า

五月

臉呵

เดือนหก

六月

臉忽

เดือนเจ็ด

七月

臉拆

เดือนแปด

八月

臉鱉

เดือนเก้า

九月

臉苟

เดือนสิบ

十月

臉習

เดือนสิบเอ็ด

十一月

臉習一

เดือนสิบสอง

十二月

臉習雙

เดือนล้น

閏月

臉懶

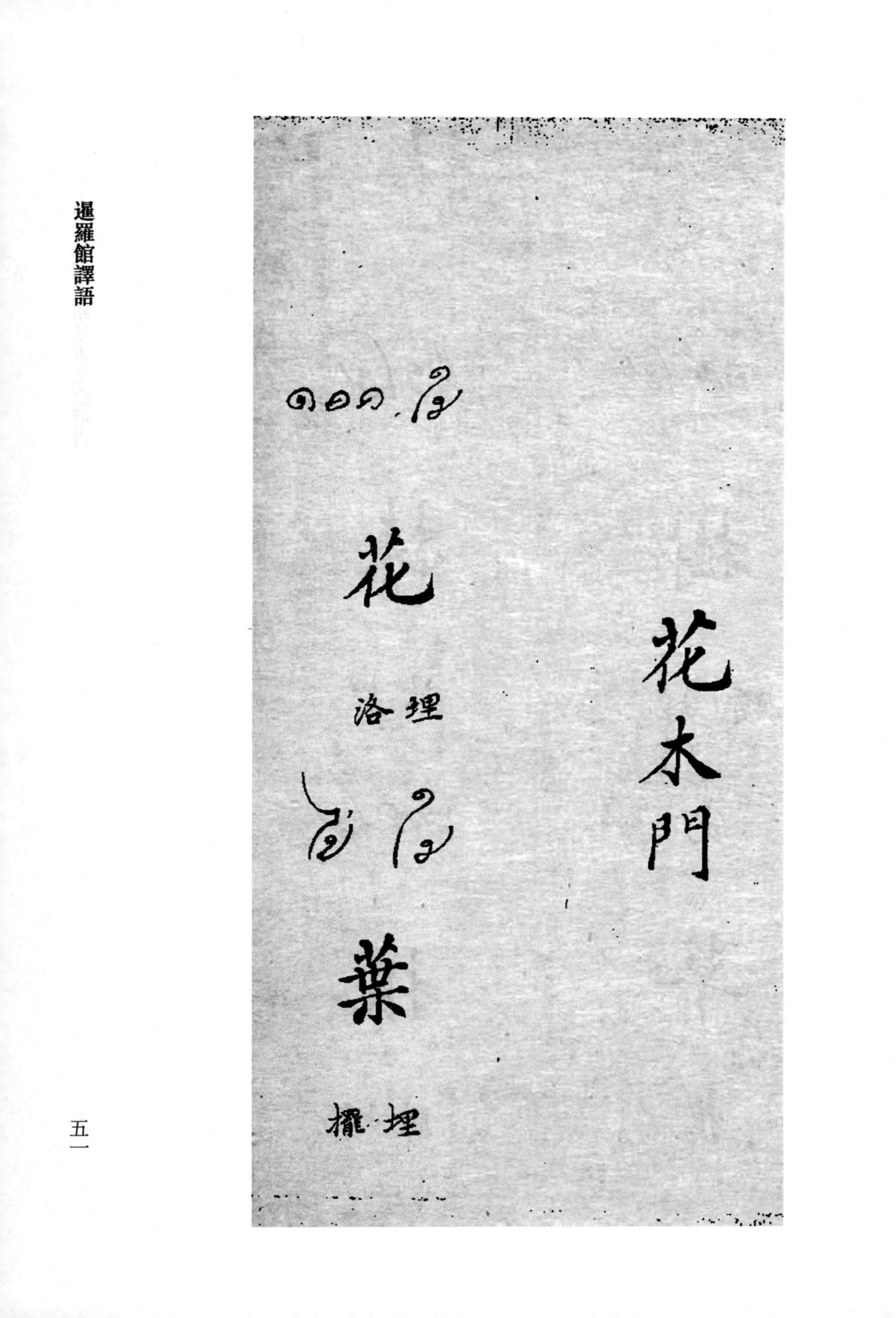

花木門

ดอกไม้

花

洛埋

ใบไม้

葉

擺埋

กิ่งไม้
枝
敬埋

รากไม้
根
臘埋

ต้นไม้
樹
頓埋

หญ้า
草
鴉

เข้า สาร

米

靠傘

เข้า ปเลือก

穀

靠孛掠

ฝ้าย

藊木

訪

มกเกือ

烏木

沒合嘞

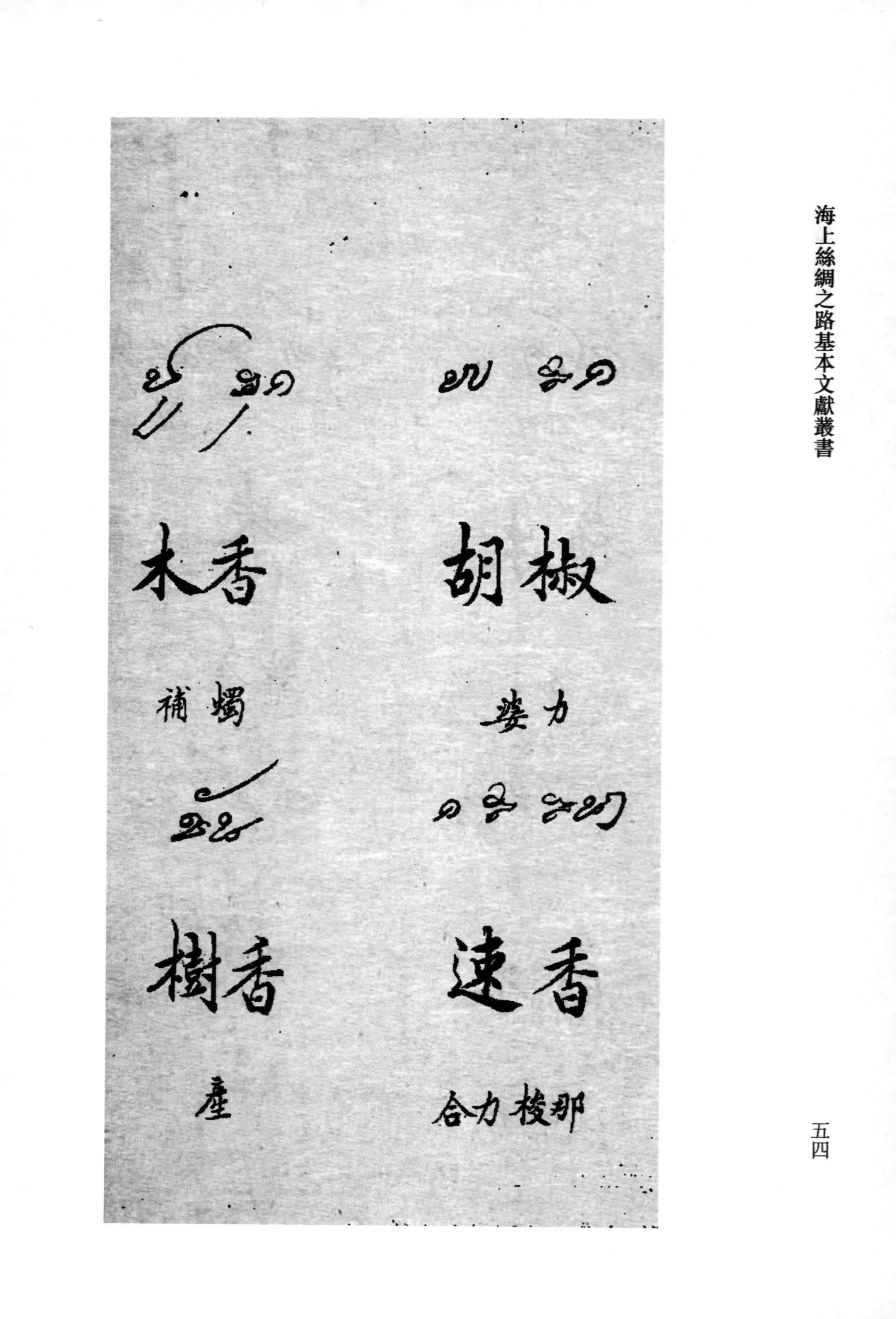

胡椒

婆力

速香

合力棱那

木香

補燭

樹香

塵

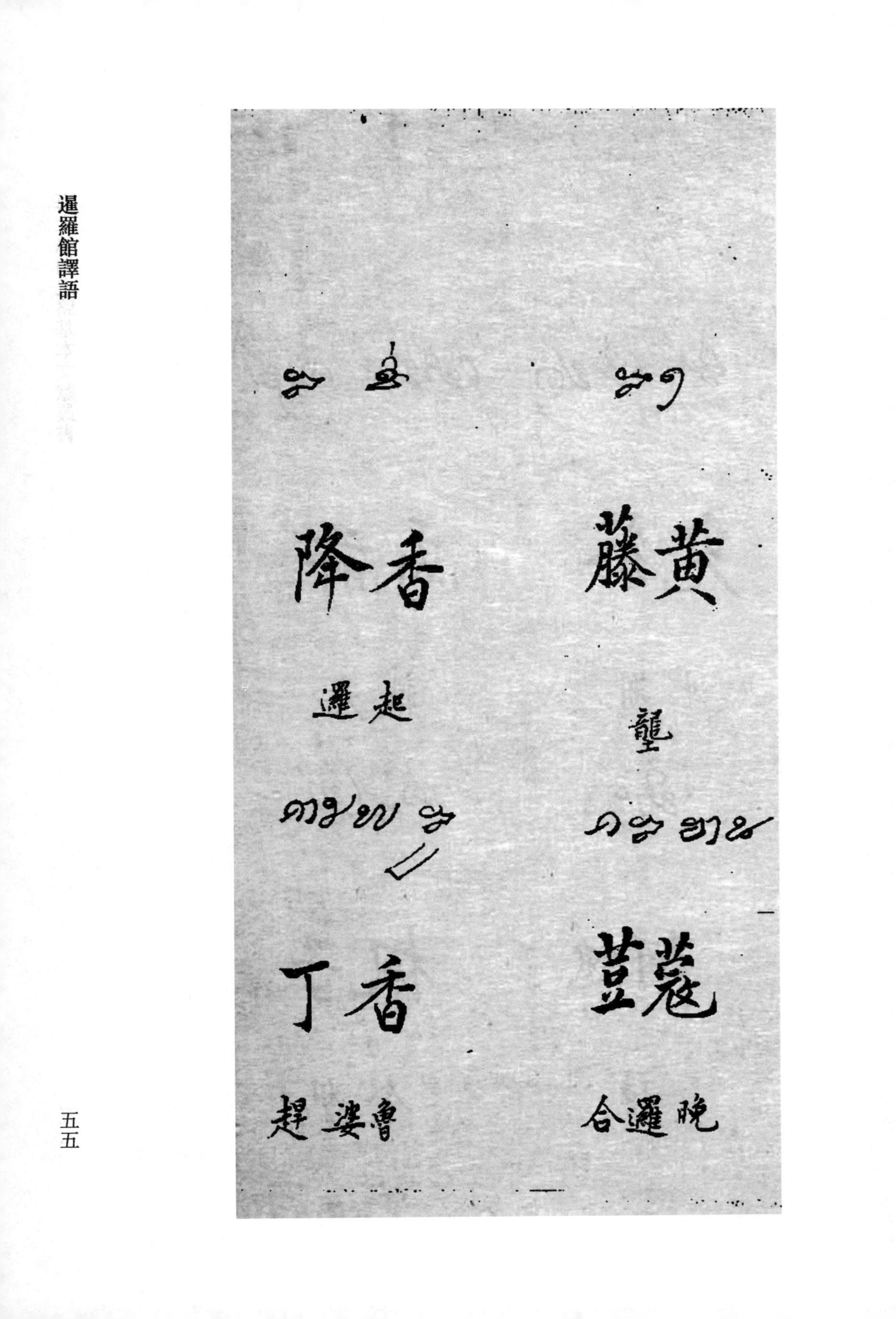

藤黃

壟

荳蔻

合邏晩

降香

邏起

丁香

揭婆魯

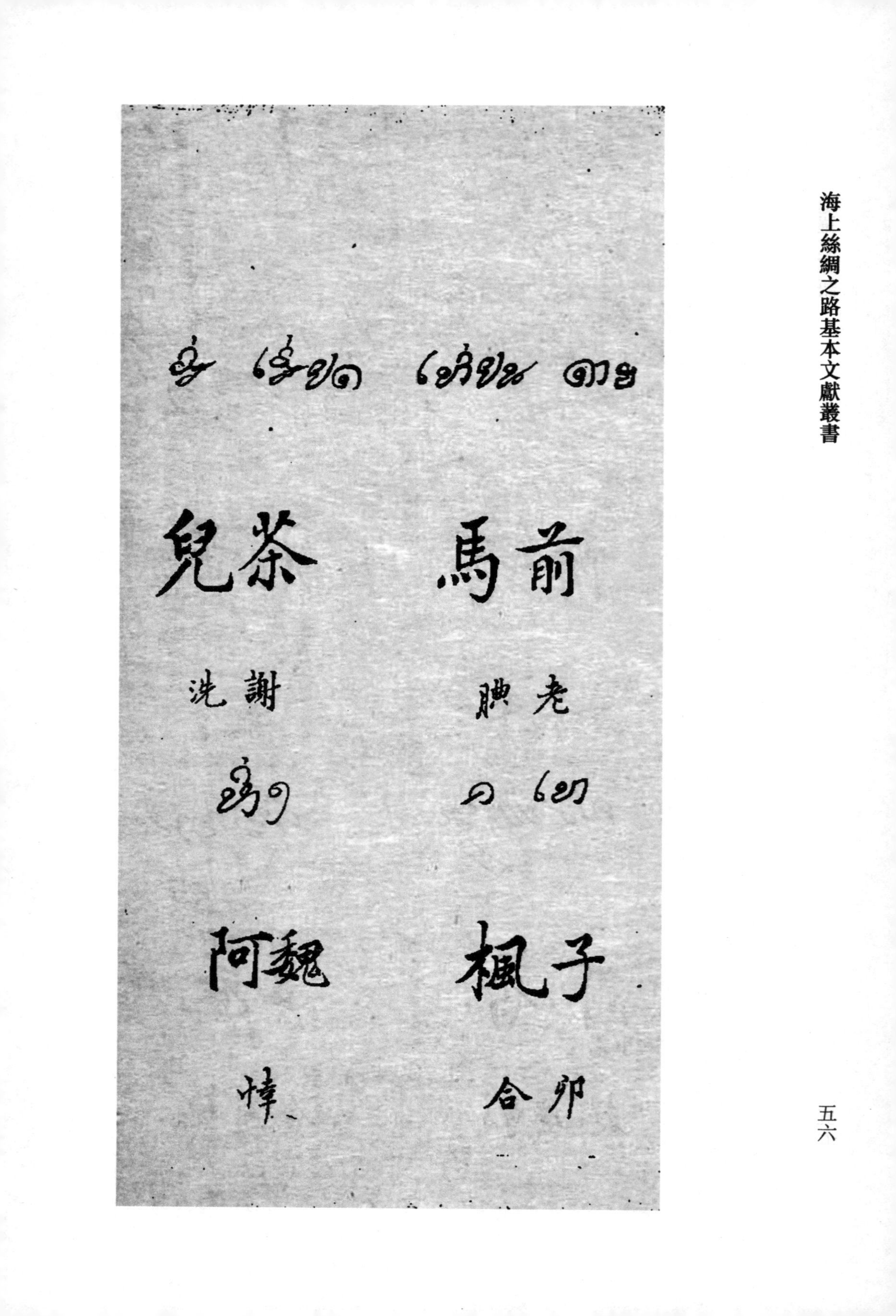

馬前

腆老

兒茶

洗謝

楓子

合卯

阿魏

悼

ยา ฝิ่น

鴉片

雅嘆

กฤษณา[illegible]

沉香

合力梭那腫

ก รั่ง

紫梗

可朗

ยา ดำ

烏藥

雅賴

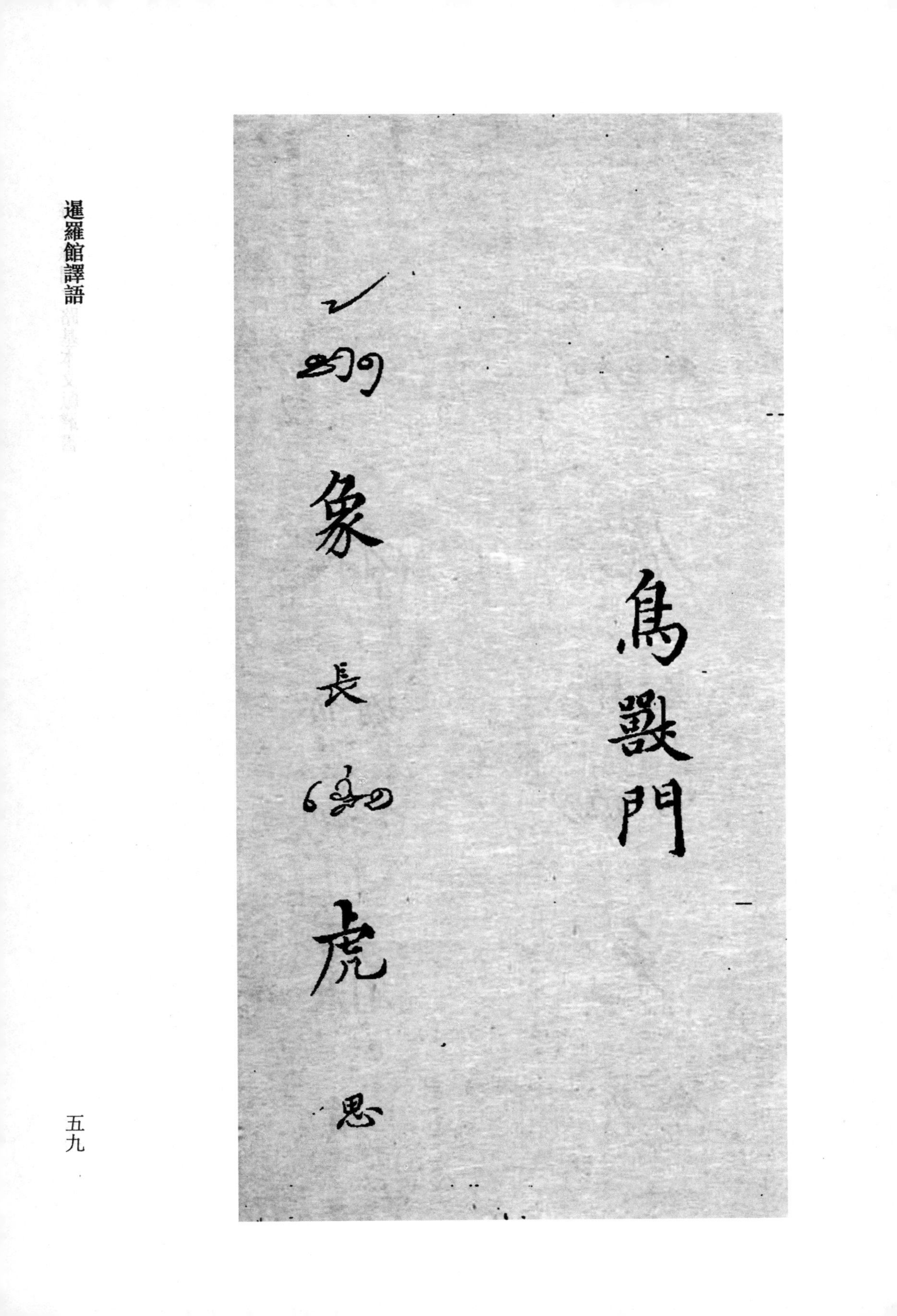

鳥獸門

ช้าง
象
長

เสือ
虎
思

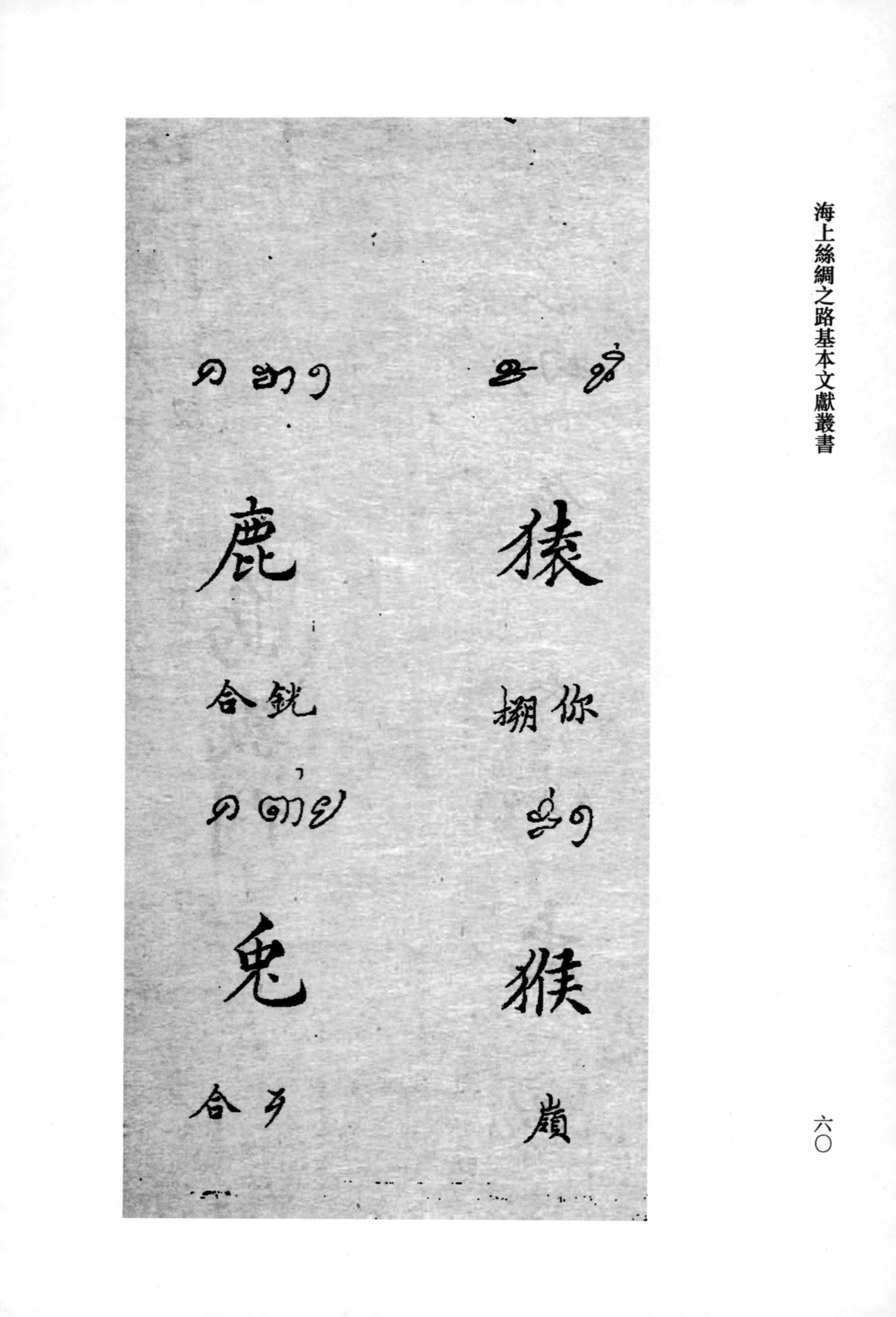

ชะ

猿

你搠

ลิง

猴

巔

กวาง

鹿

合銑

กต่าย

兎

合歹

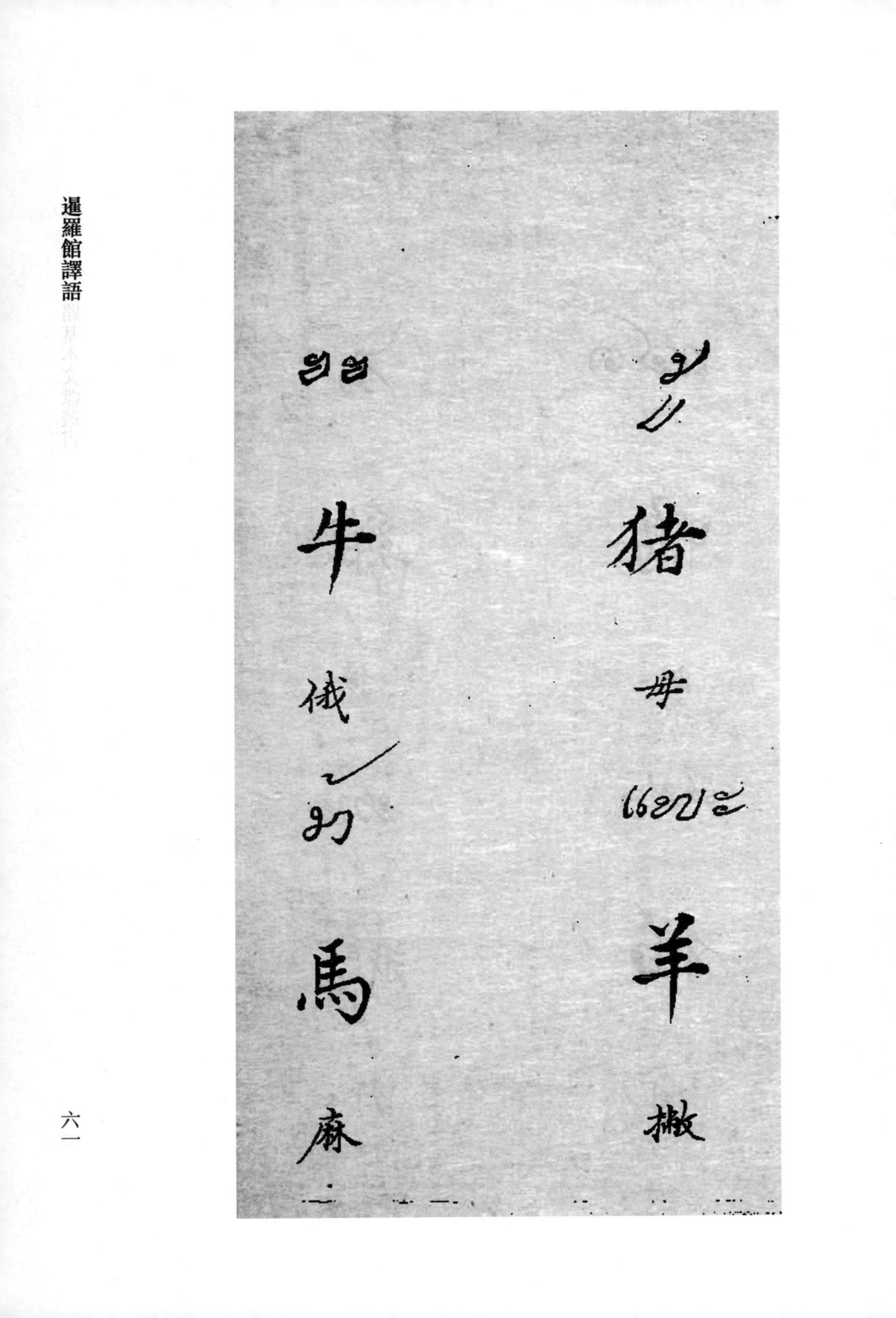

หมู
猪
毋

แพะ
羊
撒

งัว
牛
俄

ม้า
馬
麻

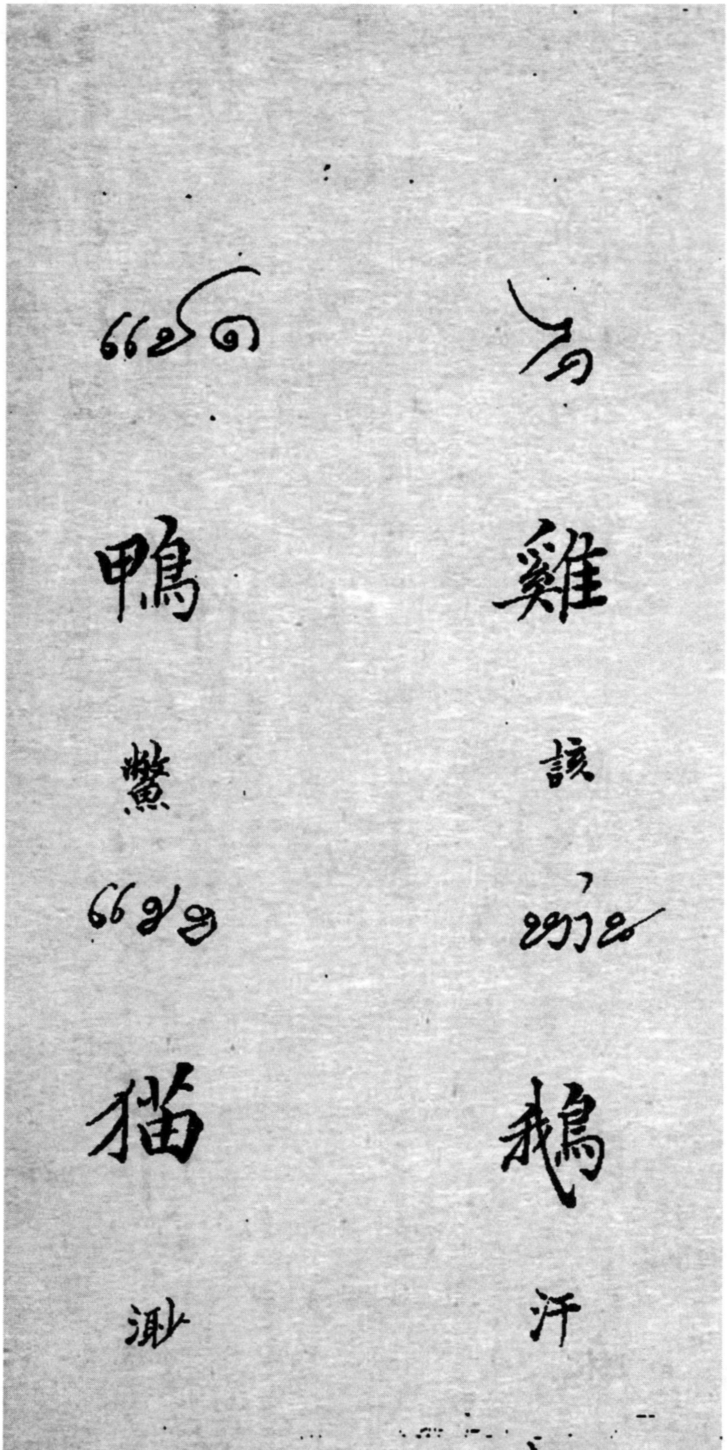

ไก่
雞
該

ห่าน
鵝
汗

แปด
鴨
鱉

แมว
猫
渺

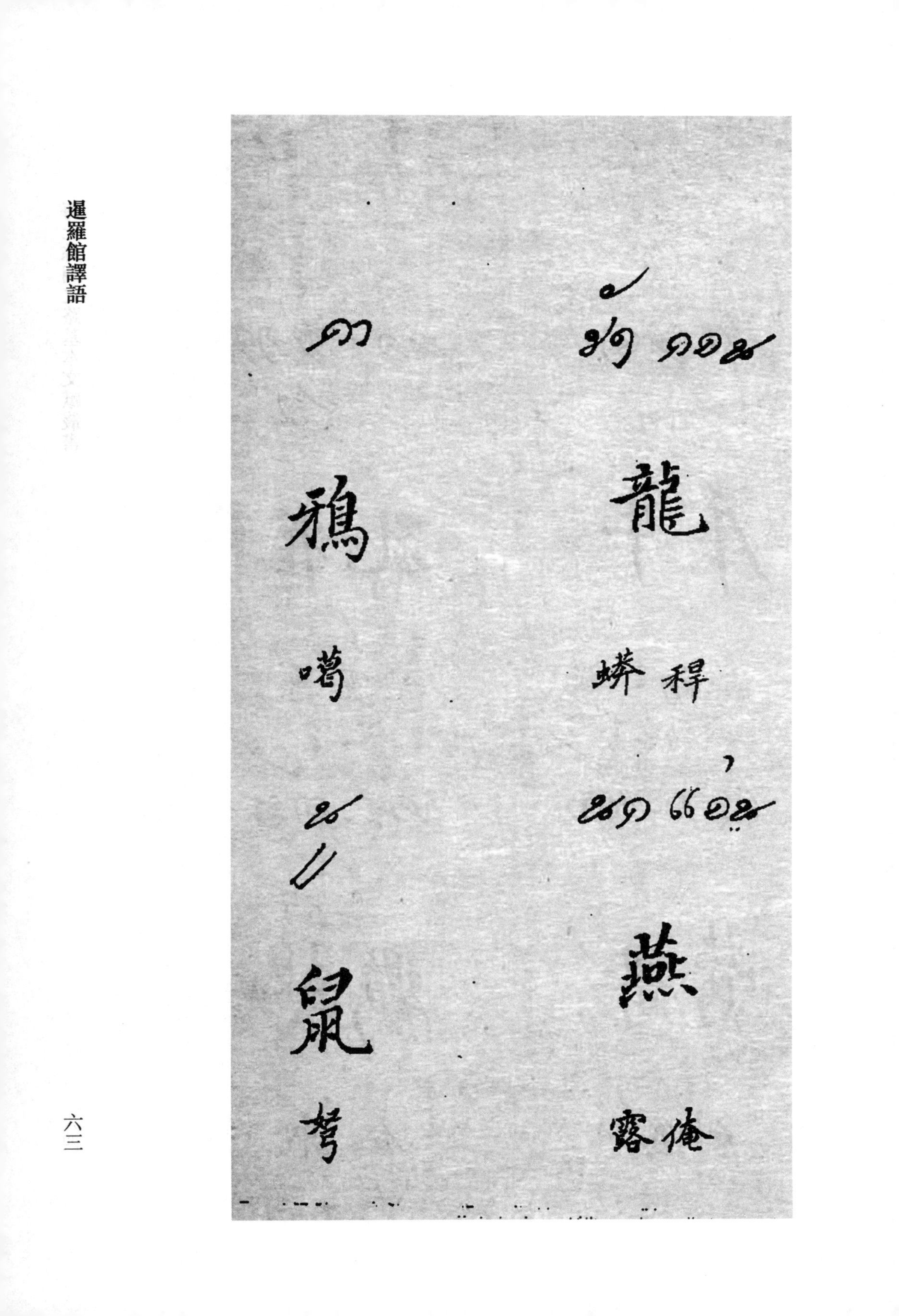

มัง กร

龍

蟒稈

นาง แอ่น

燕

露俺

กา

鴉

噶

หนู

鼠

弩

นก ยูง

孔雀

露勇

แรด

犀牛

勒

ก ตั้ว

鸚鵡

合舵

แขก เต้า

鸚哥

刻道

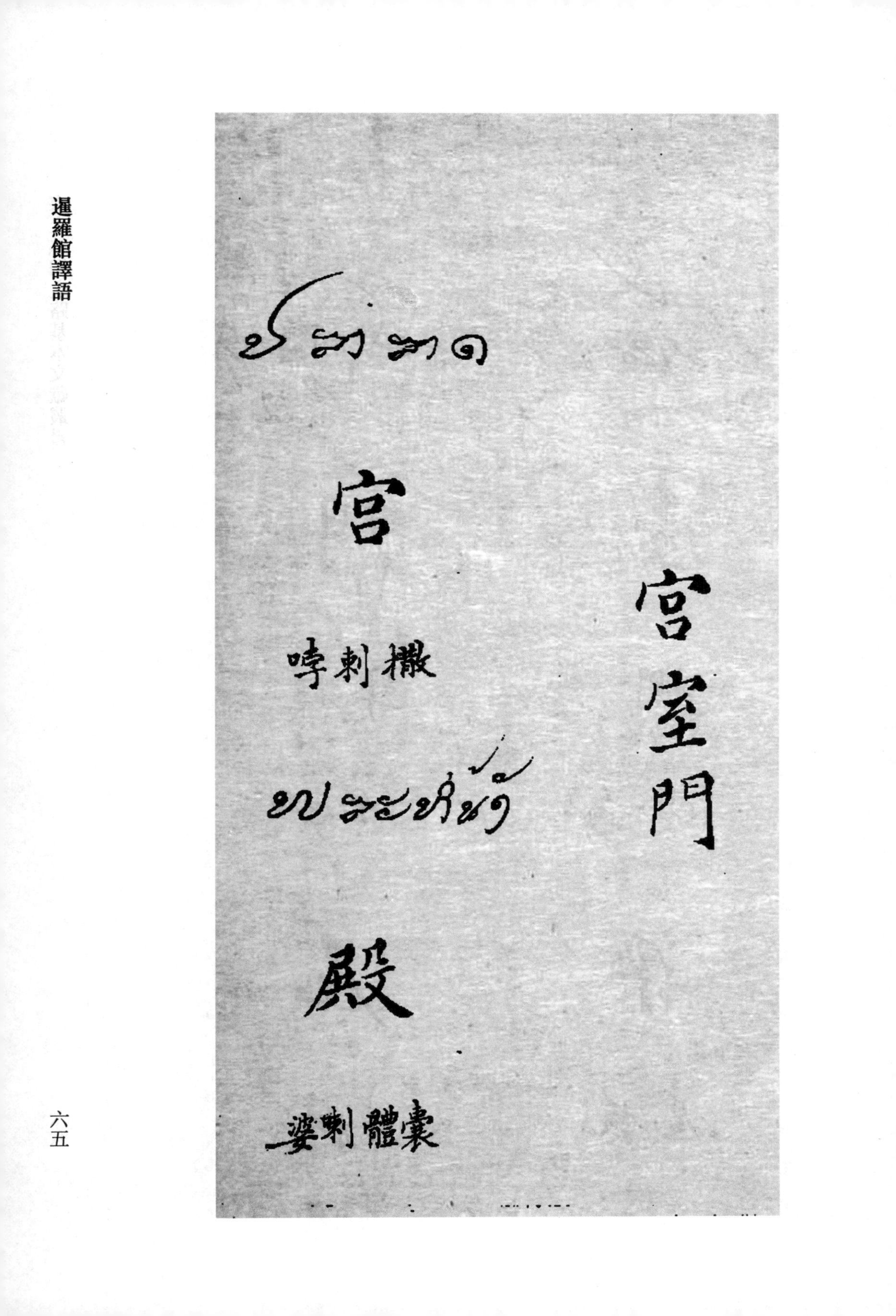

宮室門

ปราสาท

宮

哱剌撒

พระที่นั่ง

殿

婆喇體囊

ประตู

門

靚哱

เรือน

屋

臉

ร้าน

臺

欄

ขื่อ

梁

該屋

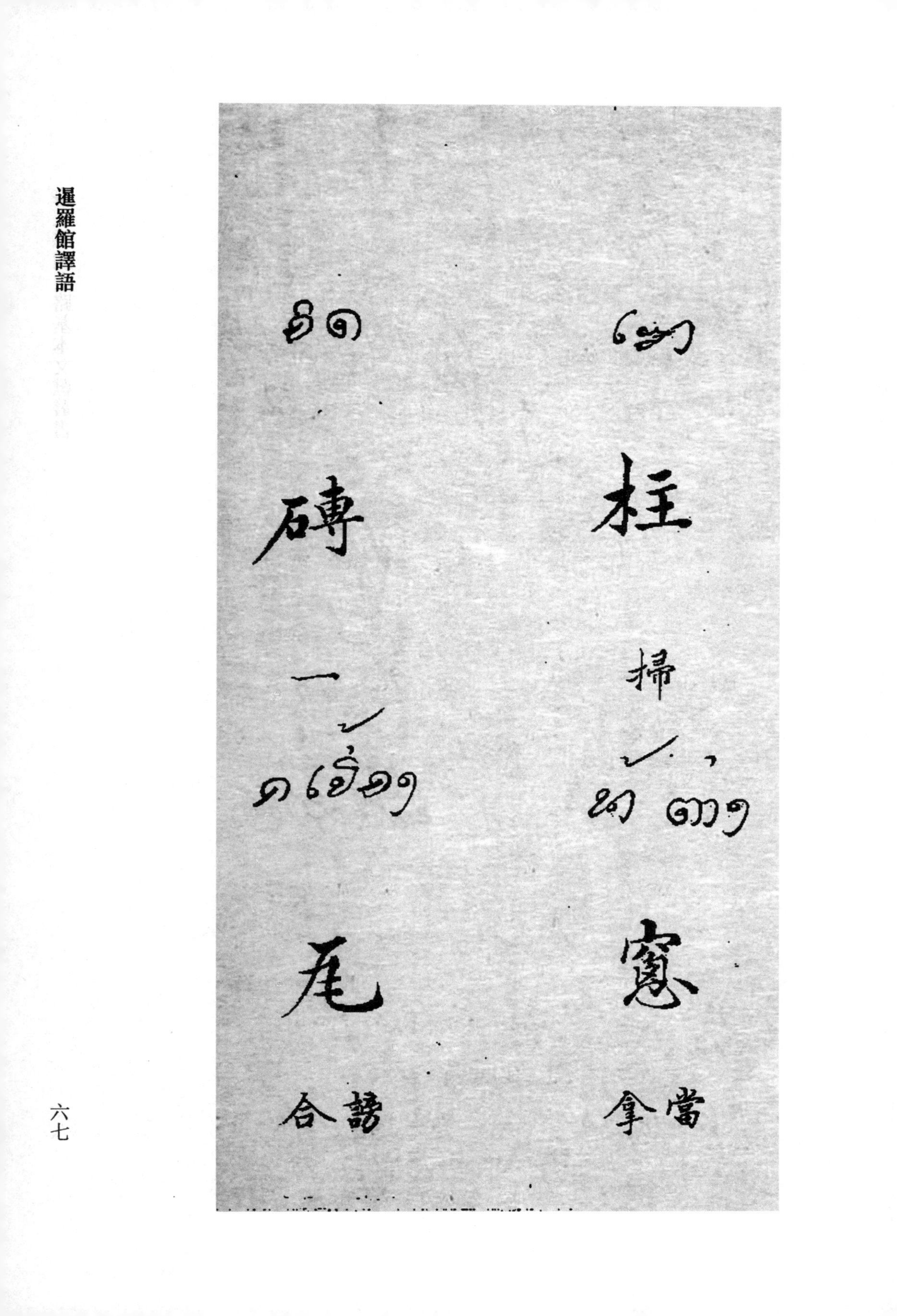

เสา
柱
掃

หน้าต่าง
窗
拿當

อิฐ
磚
一

กเบื้อง
瓦
合諳

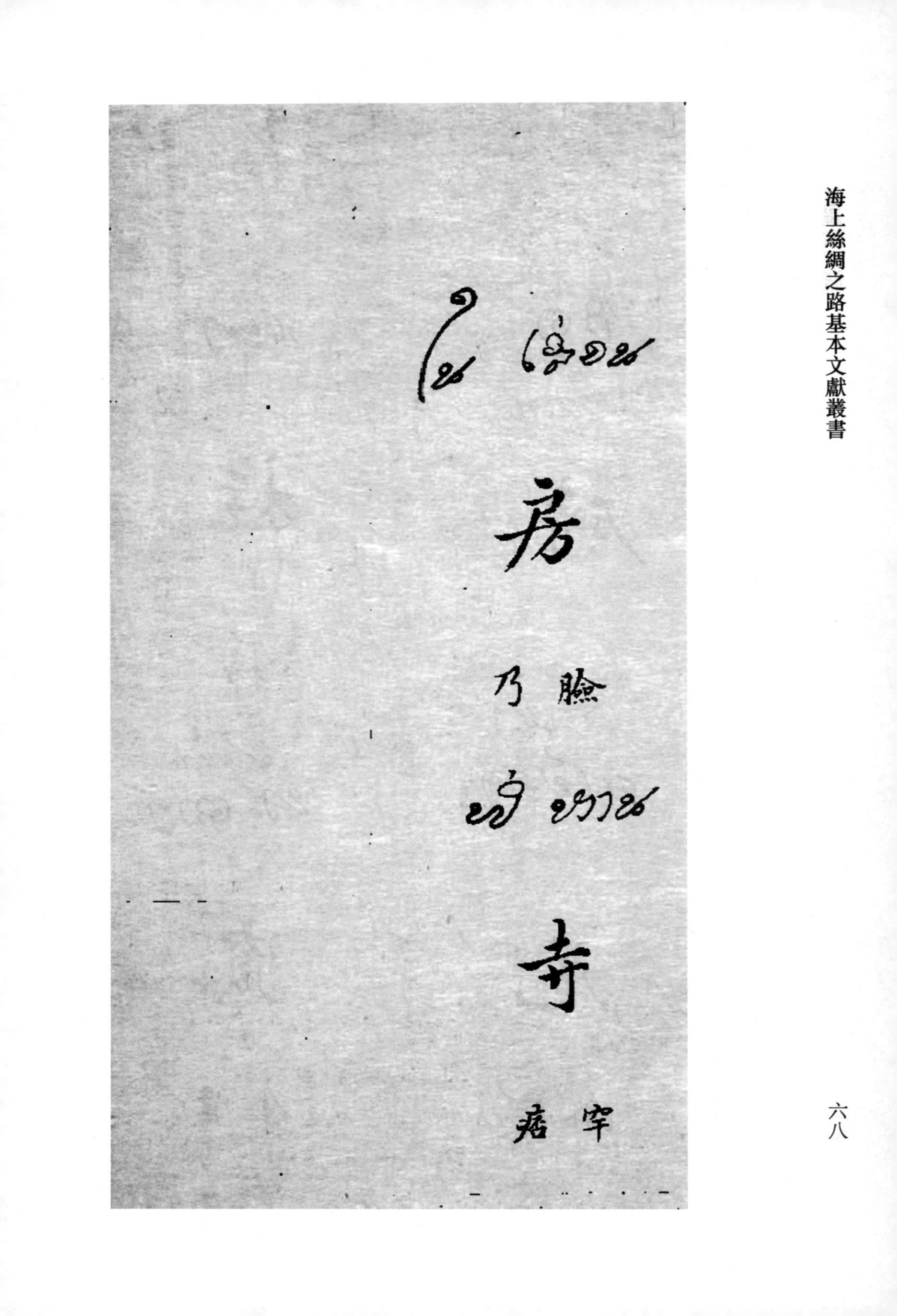

房

乃臉

寺

痞窄

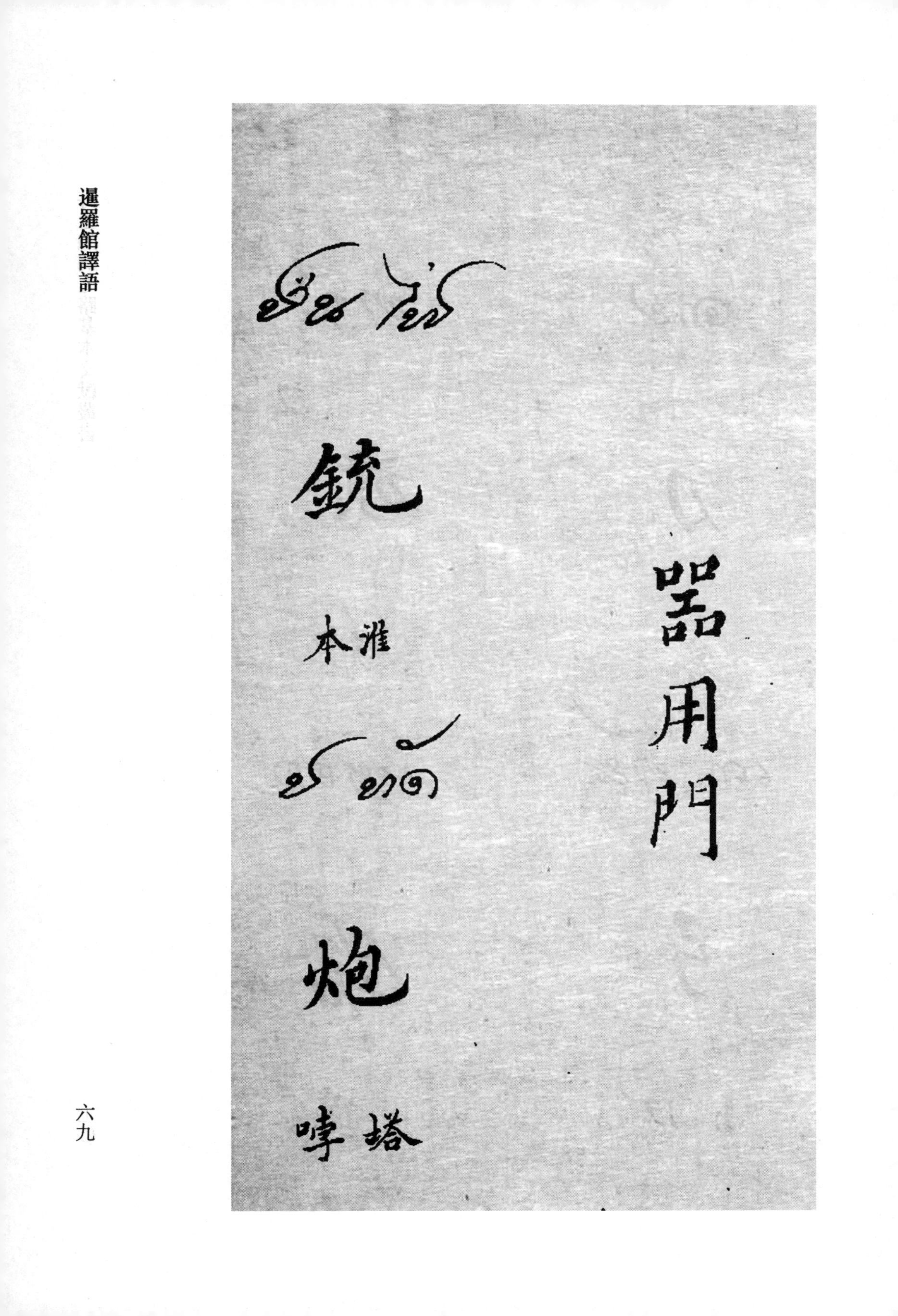

器用門

ปืนไฟ

銃

本淮

[illegible]

炮

哱塔

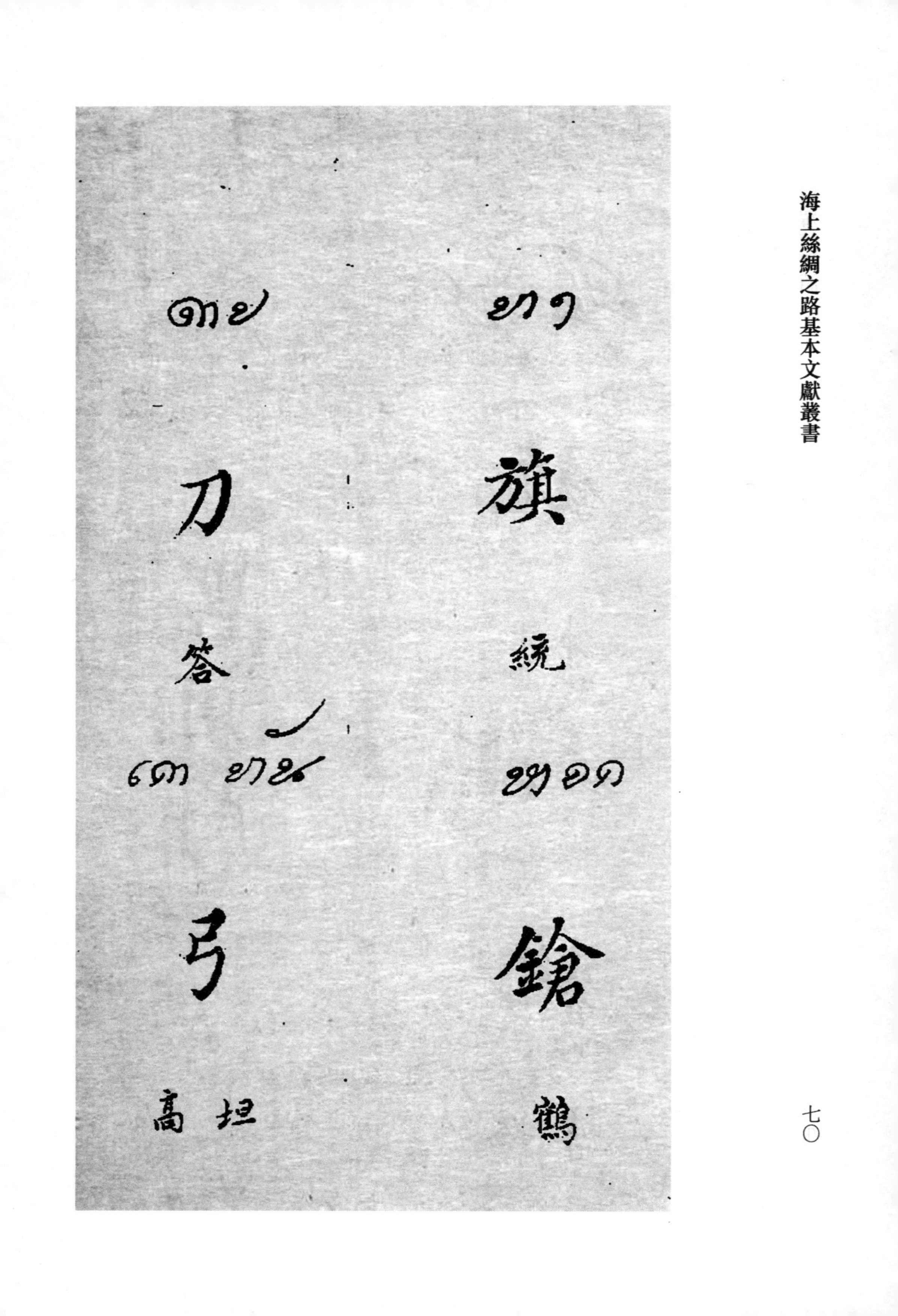

ธง 旗 統

หอก 鎗 鶴

ดาบ 刀 答

เกาทัณฑ์ 弓 高坦

ปืน

箭

本

แหลน

鏢

濫

หมวกเหล็ก

盔

幞可良

เกราะ

甲

合落

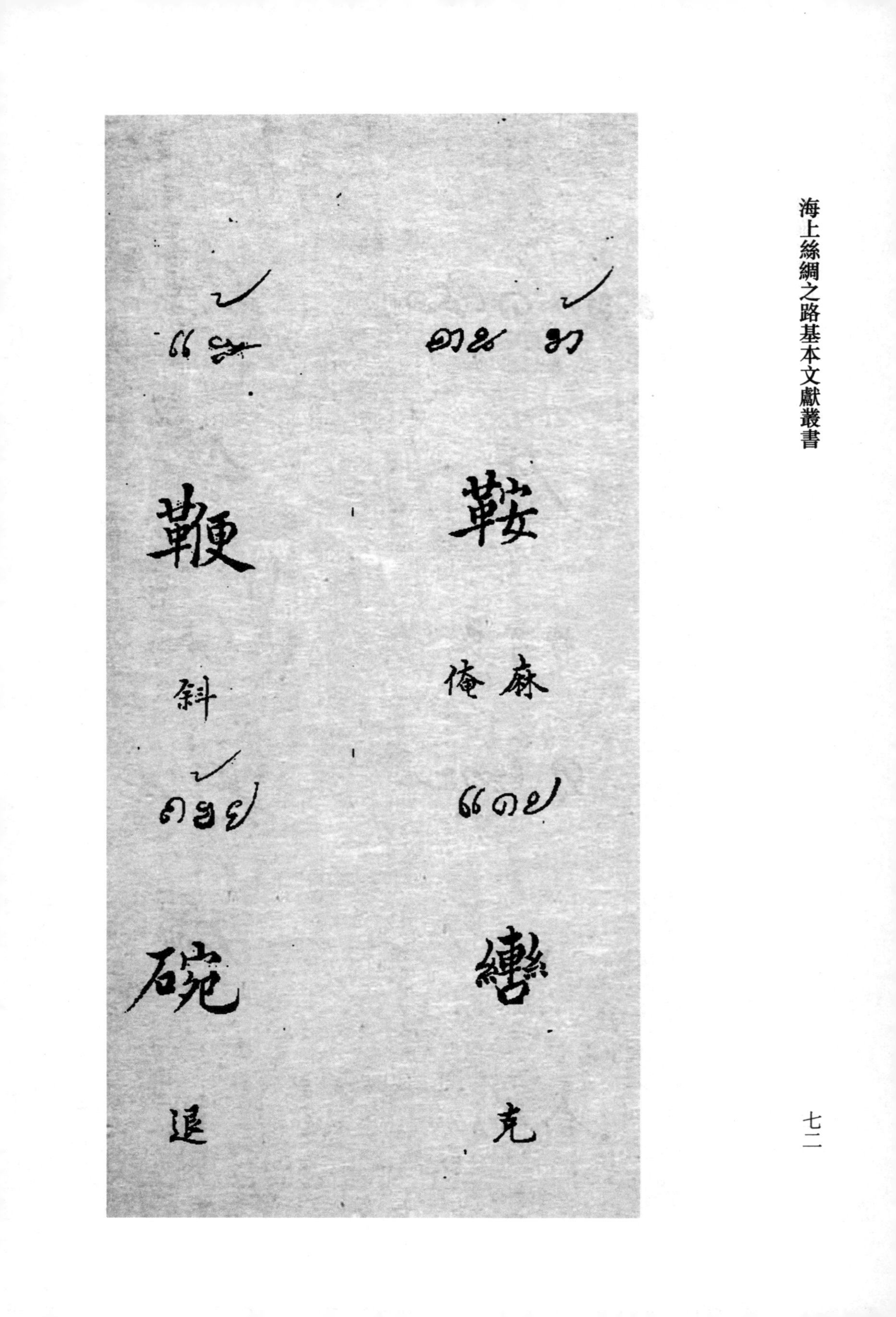

อานม้า

鞍

俺麻

แต้ง

轡

克

แส้

鞭

斜

ถ้วย

碗

退

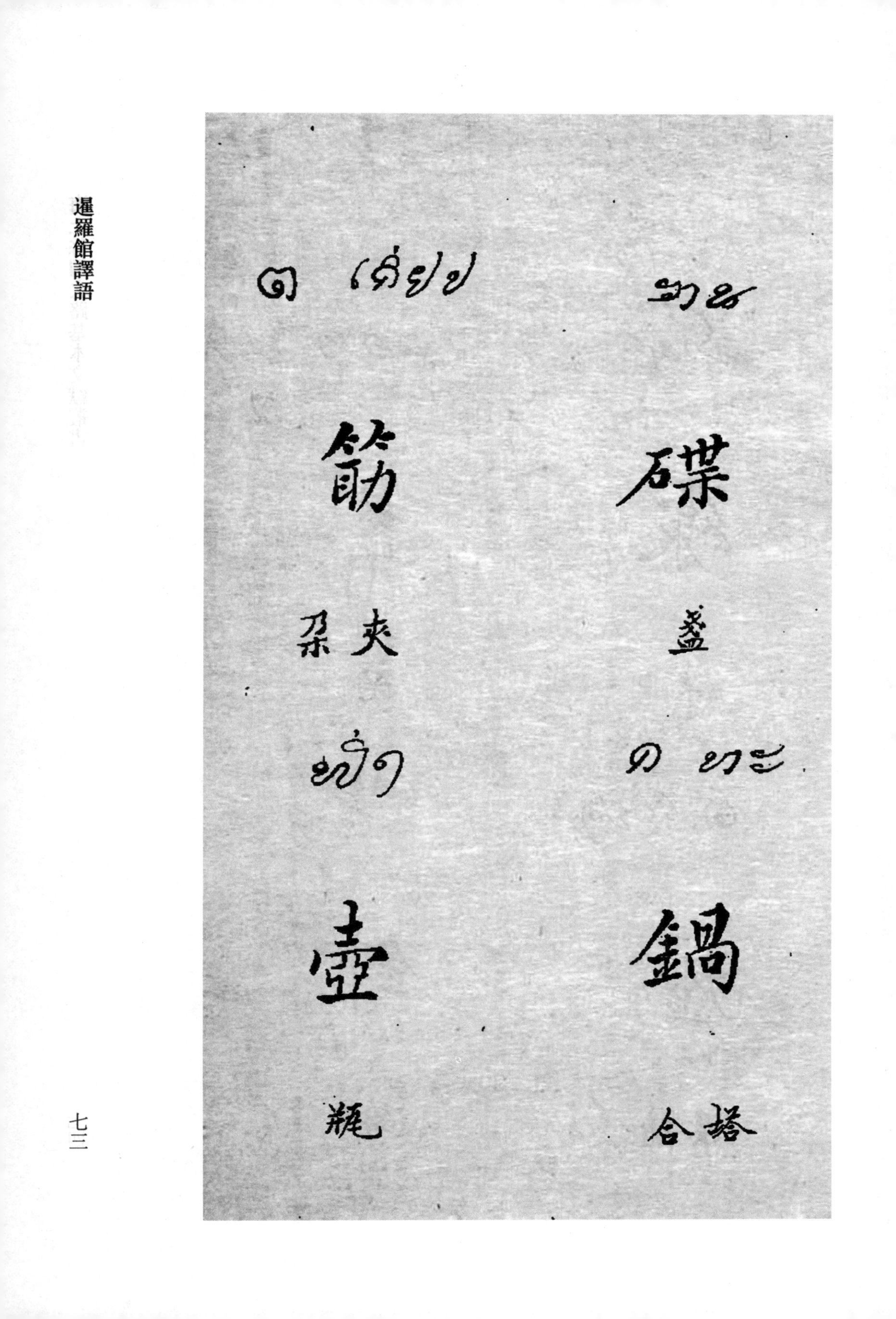

จาน

碟

盞

กทะ

鍋

合塔

๓ เคี่ยป

筋

朶夾

ฆ้อ

壺

瓶

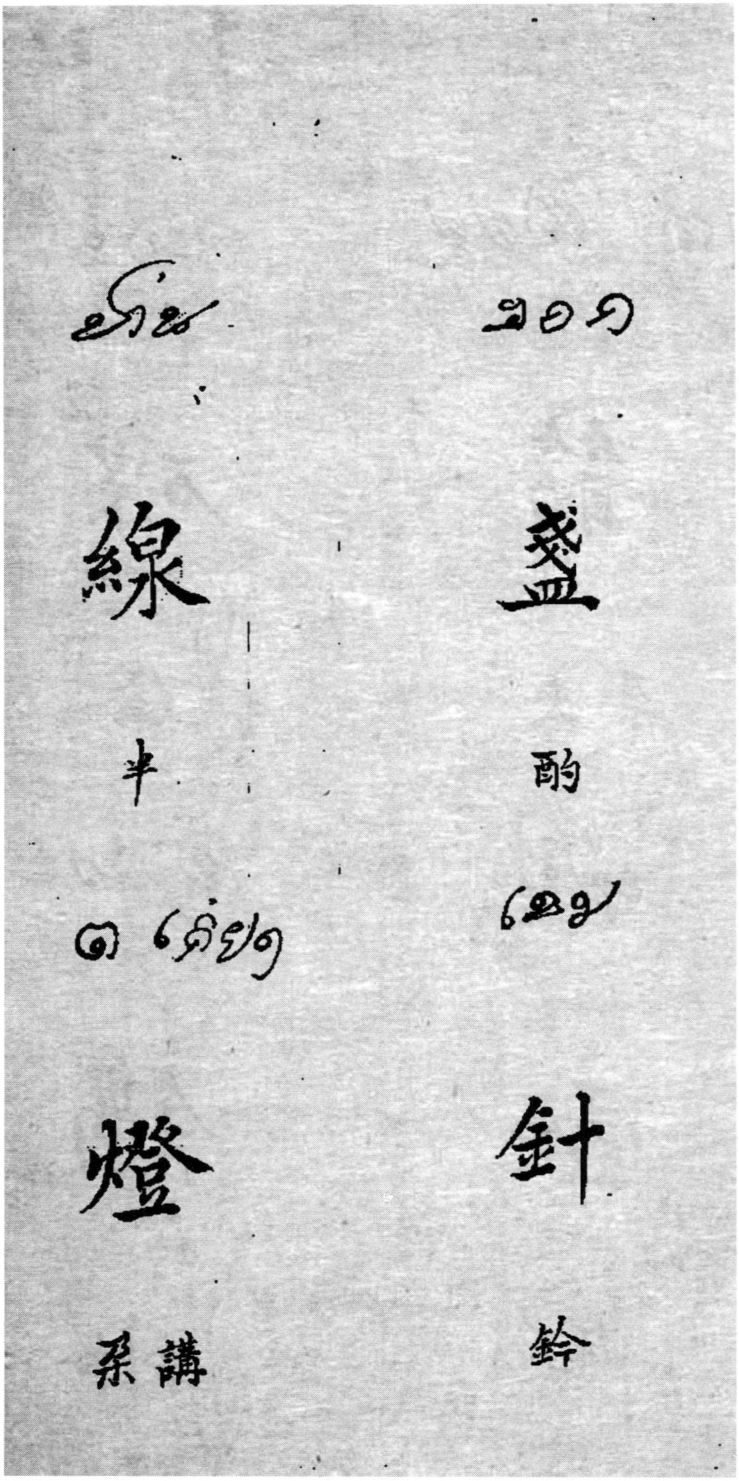
盞
酌
針
鈴
線
半
燈
講系

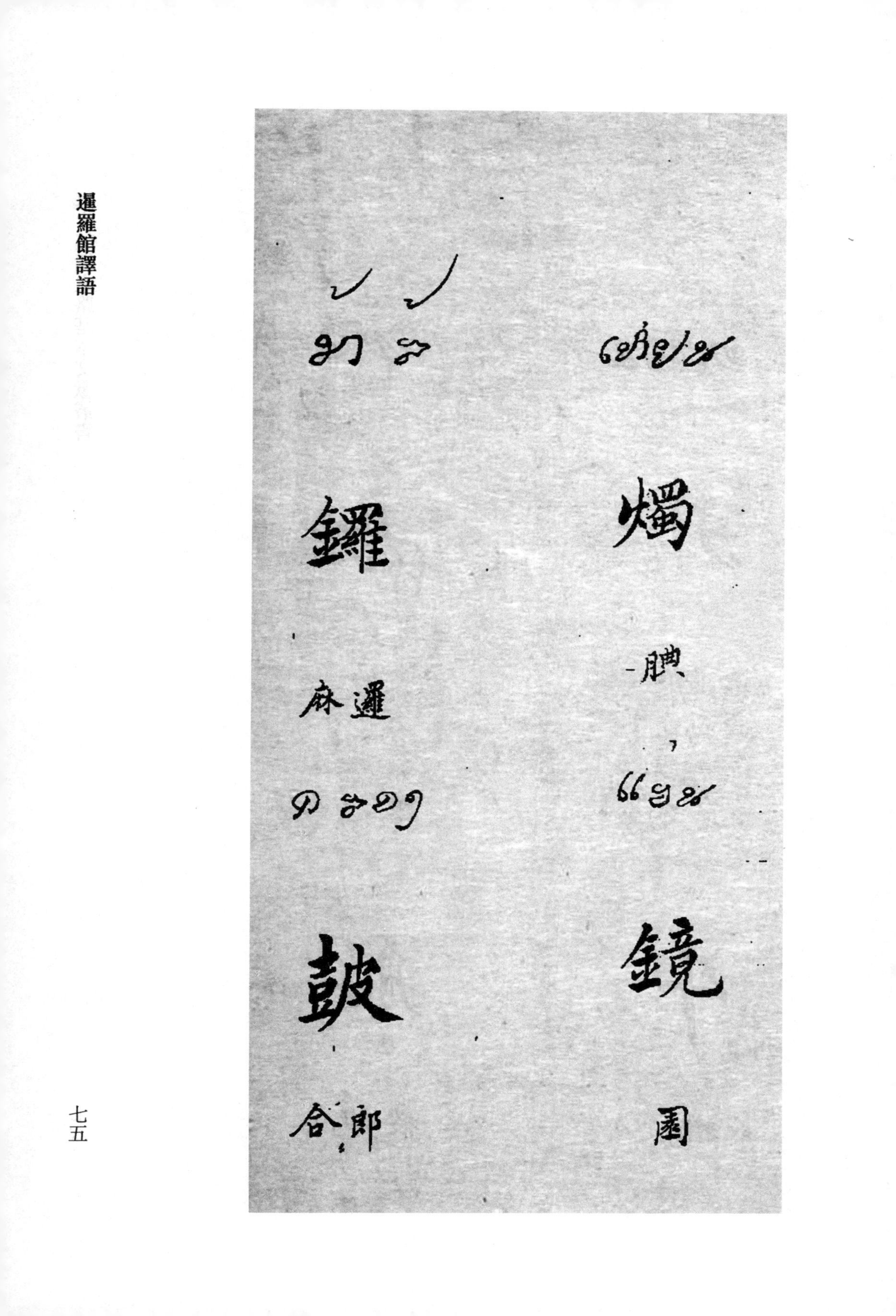

เทียน

燭

腆

แว่น

鏡

圜

ม้ล้อ

鑼

麻邏

กลอง

鼓

合郎

ห้อง

房

挍

ทะนาน

升

難駝

สำเภา

船

梭跑

สัด

斗

撒

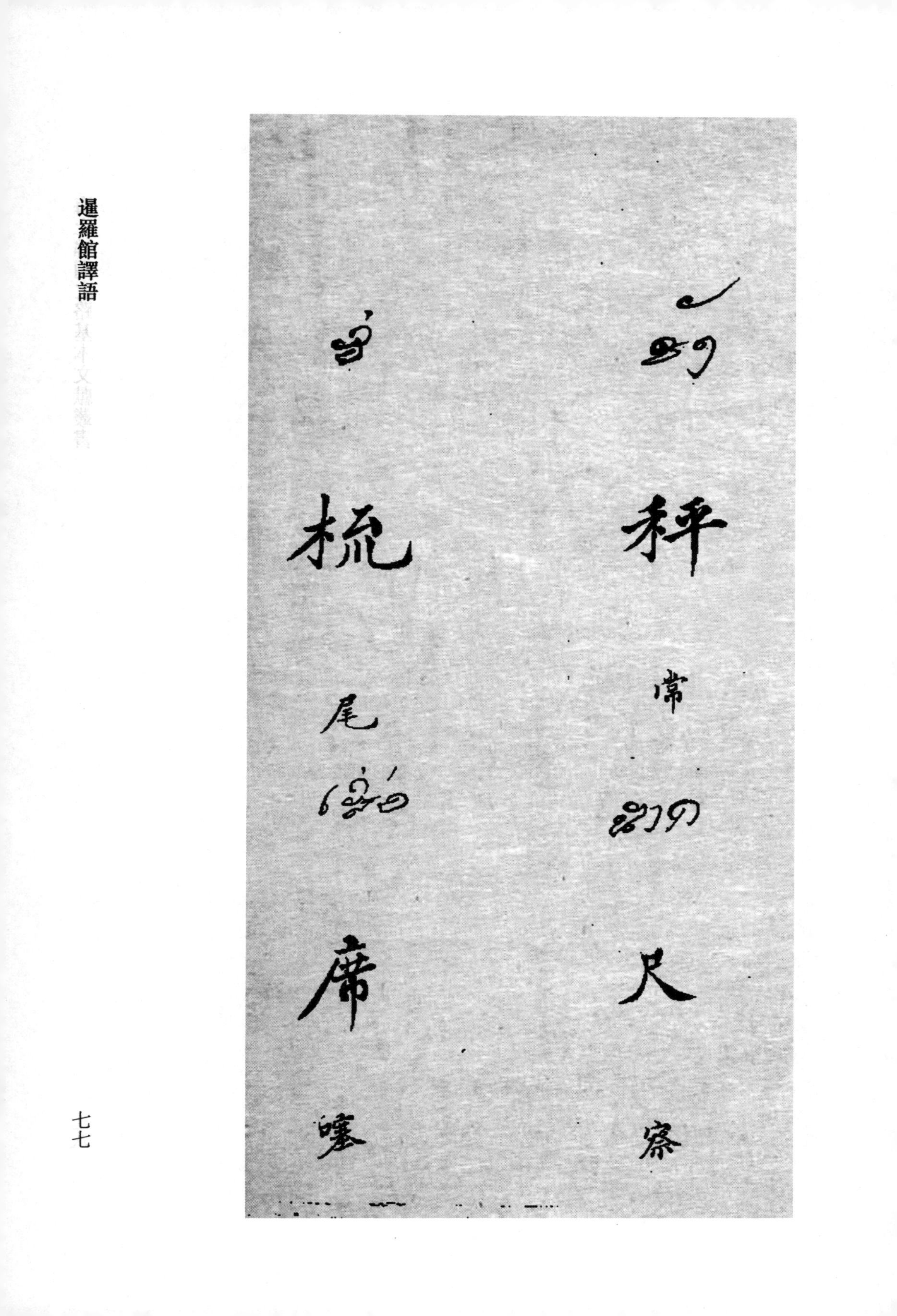

ชั่ง
秤
常
ศอก
尺
察

หวี
梳
尾
เสื่อ
席
噻

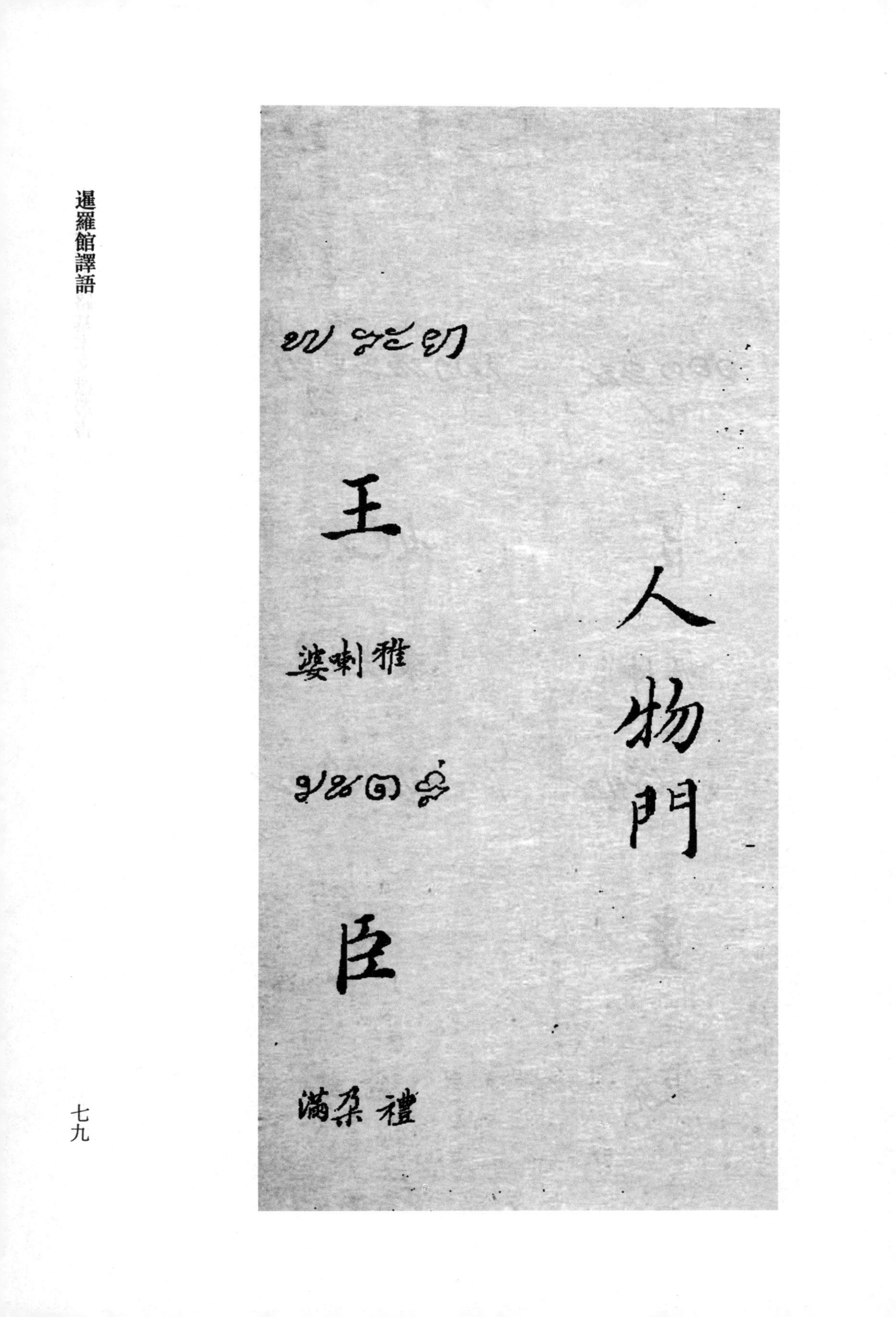

人物門

[illegible]

王

雅喇婆

[illegible]

臣

禮朶滿

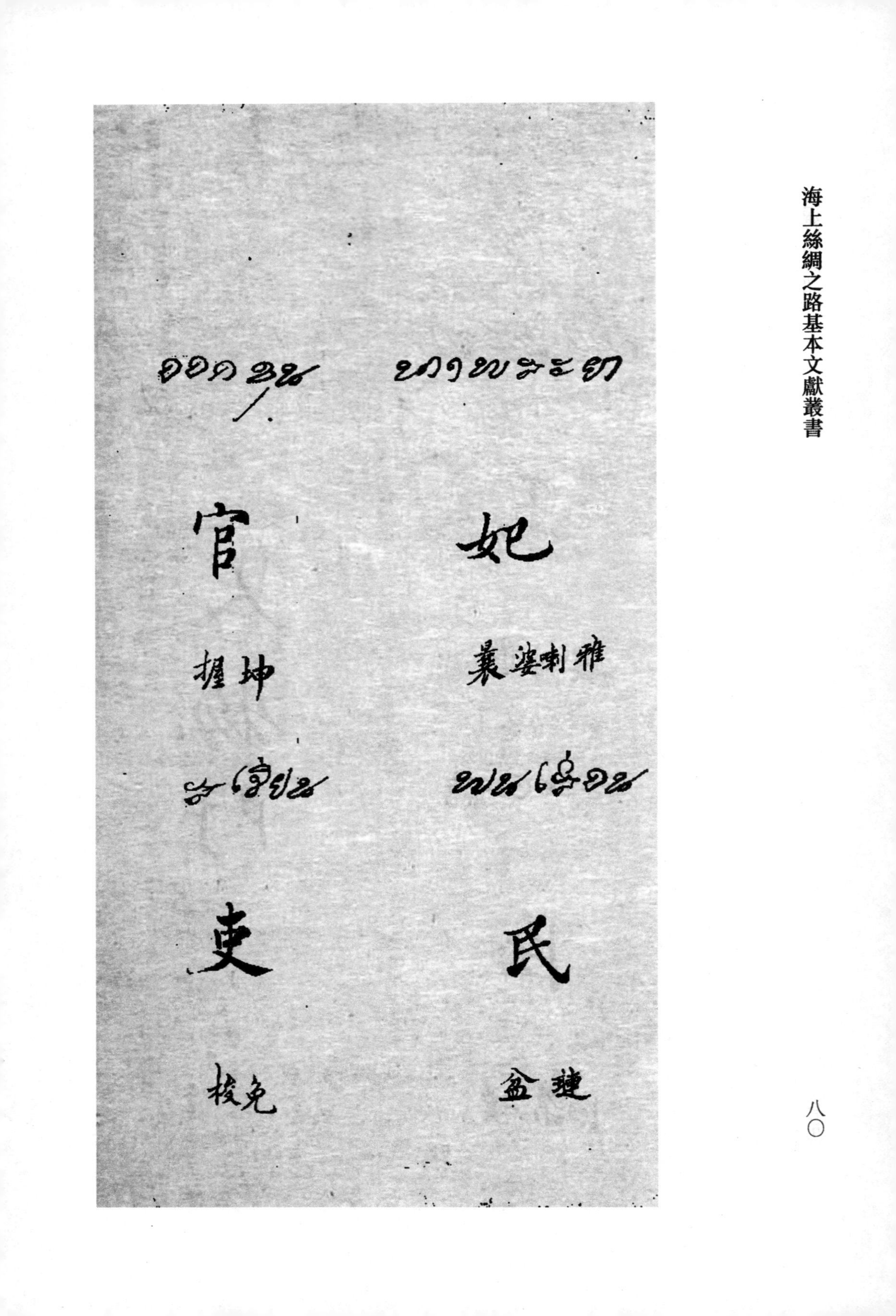

妃

曩婆喇雅

官

揑坤

民

盆撻

吏

梭免

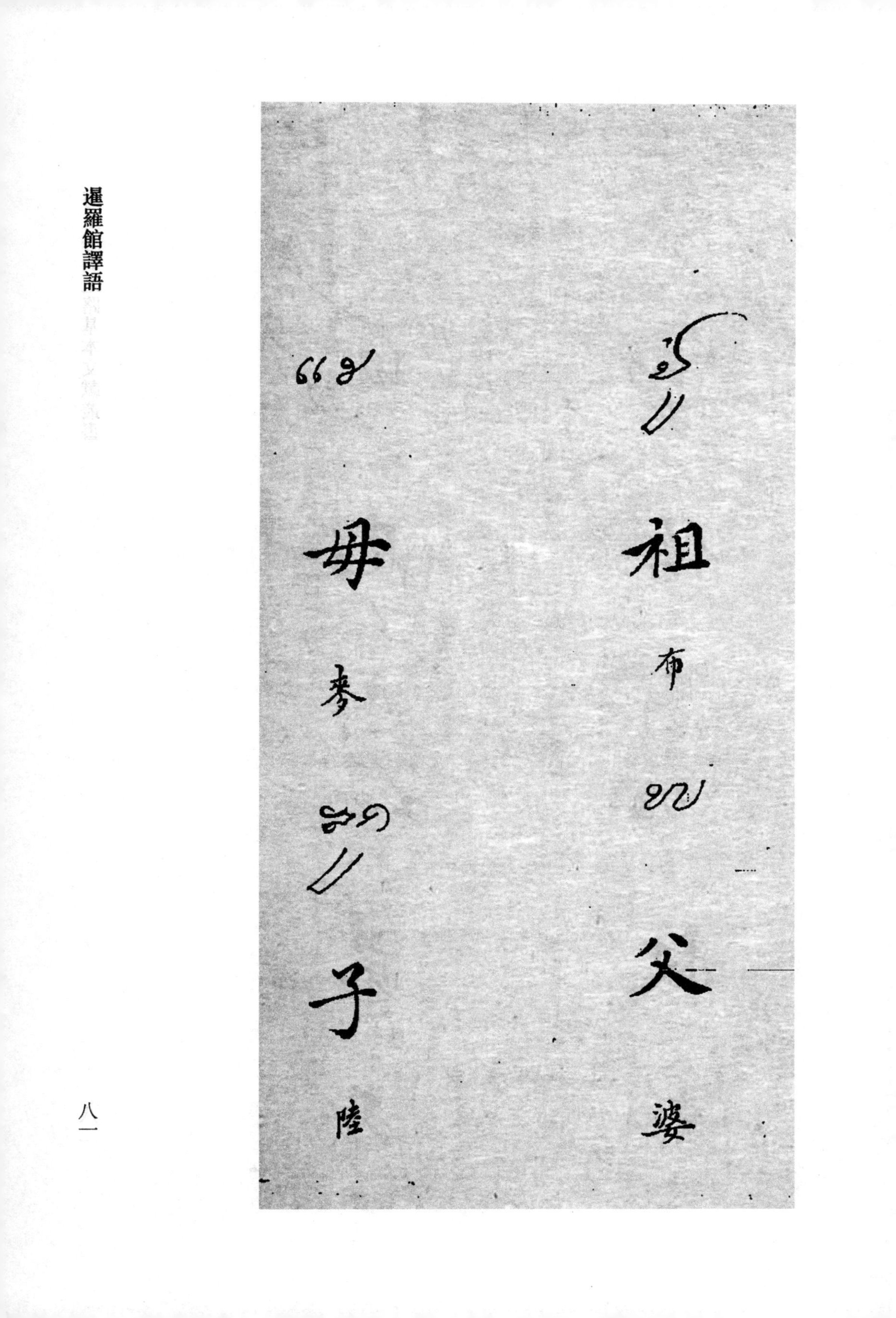

ปู่
祖
布

พอ
父
婆

ลูก
母
麥

แม่
子
陸

พี่

兄

皮

น้อง

弟

農

ลุง

伯

隴

อา

叔

襖

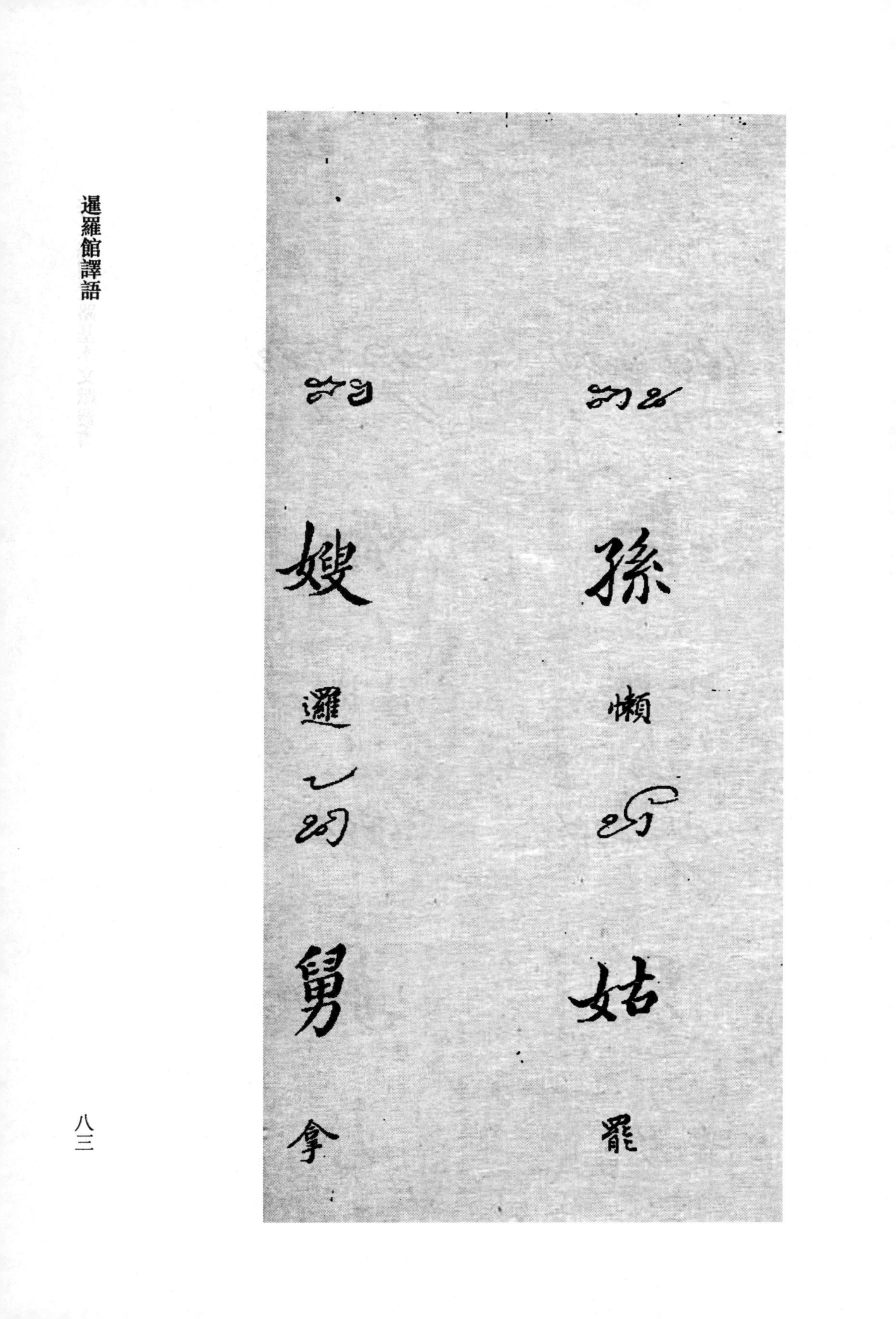

孫 懶

姑 罷

嫂 邏

舅 拿

ลูกเขย

婿

陸愷

เมียน้อย

妾

乜明

เมีย

妻

乜

ผู้ชาย

男

普彩

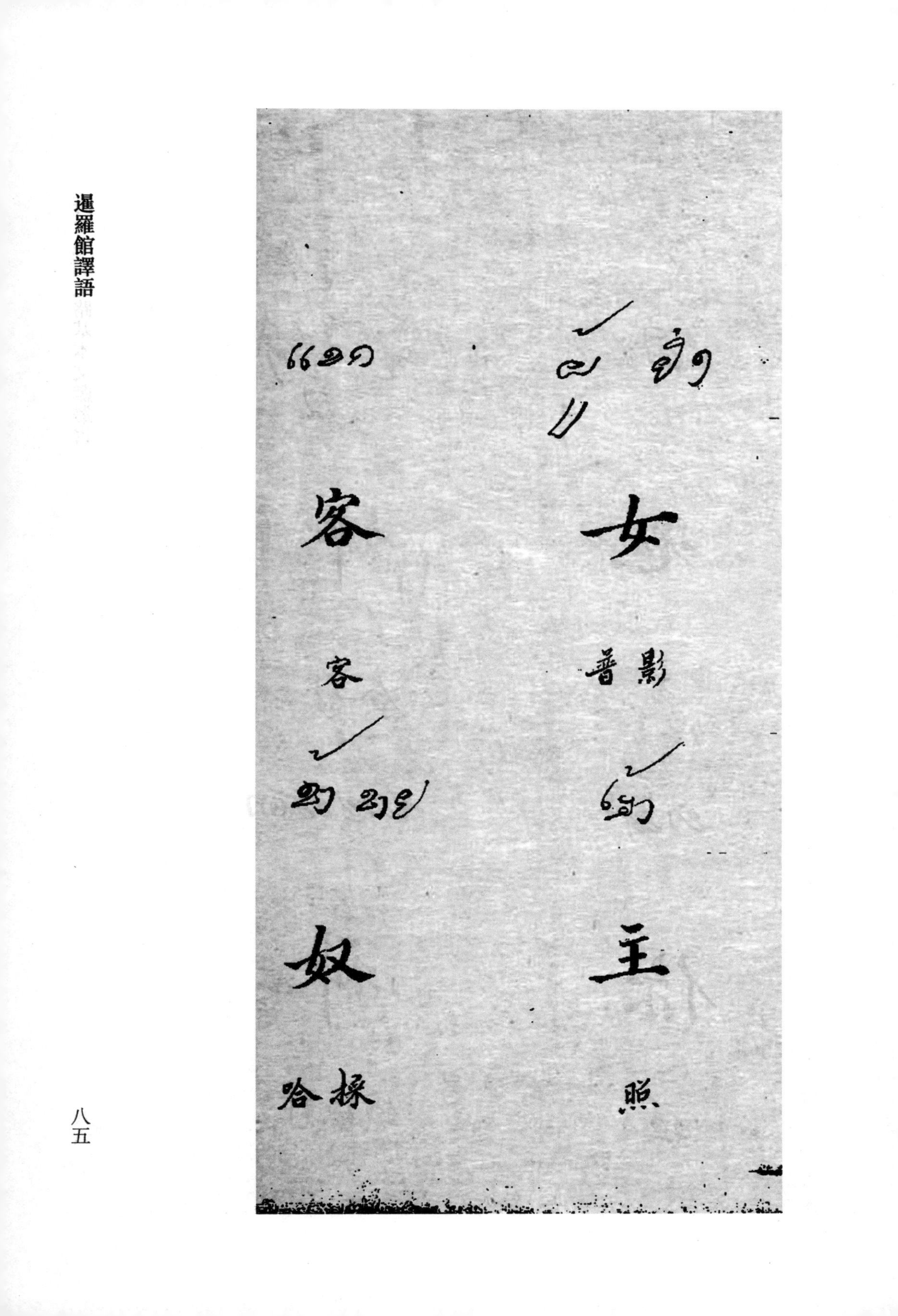

ผู้ญิง

女

普影

แขก

客

客

เจ้า

主

照

ข้า ขาย

奴

哈椂

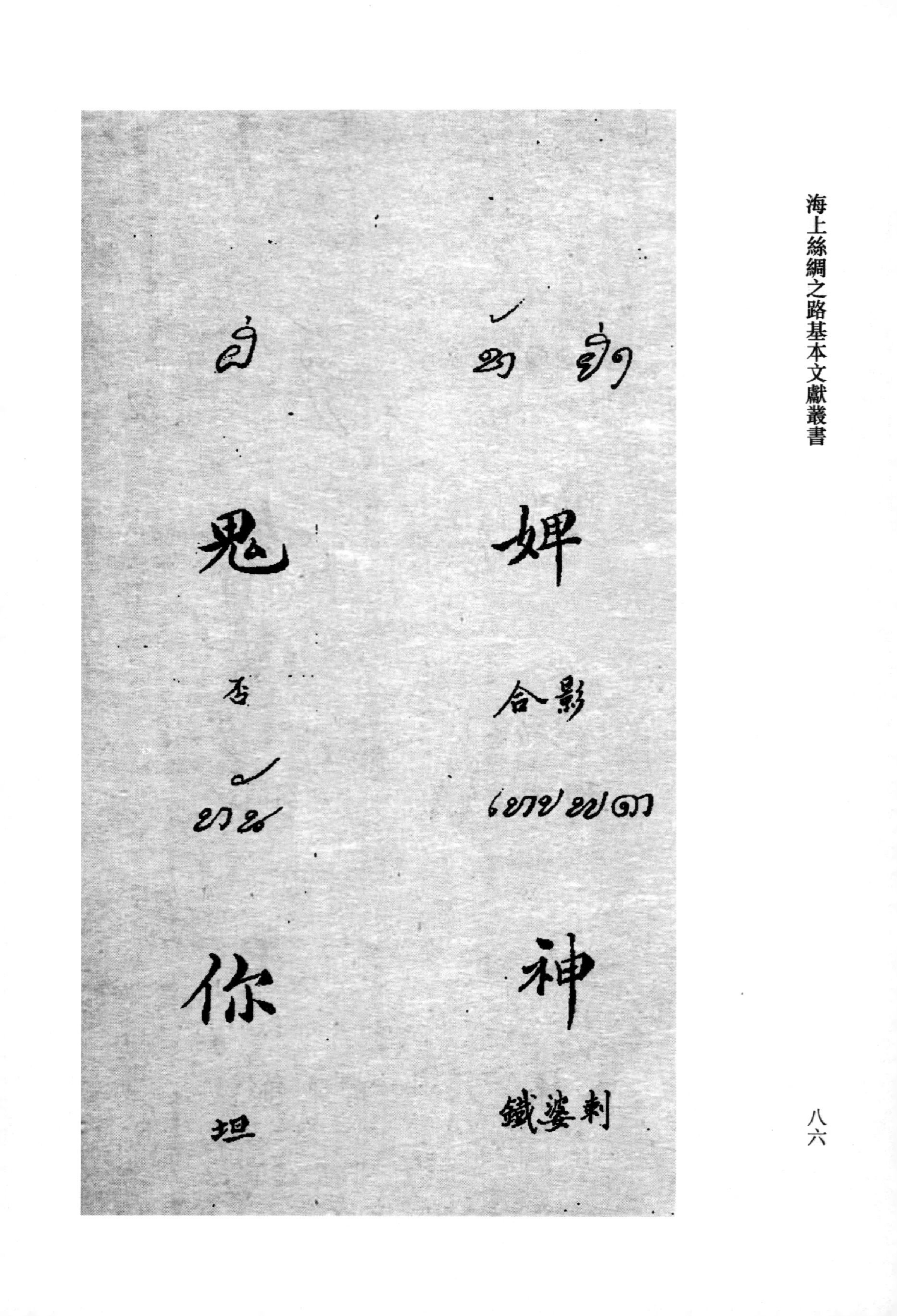

ข้ ยิง

婢

合影

เทพยดา

神

鐵婆刺

ผี

鬼

否

ท่าน

你

坦

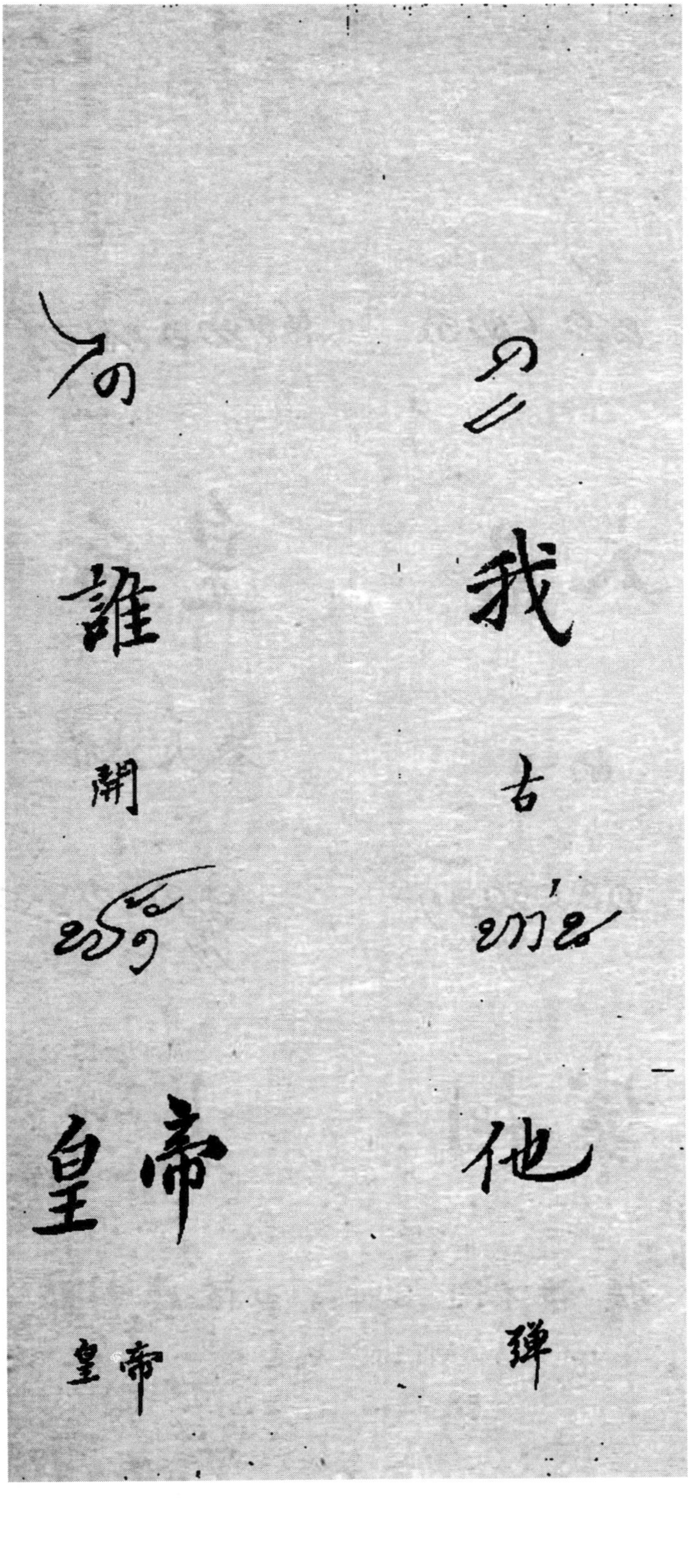
我
古
他
誰
開
皇帝
皇帝

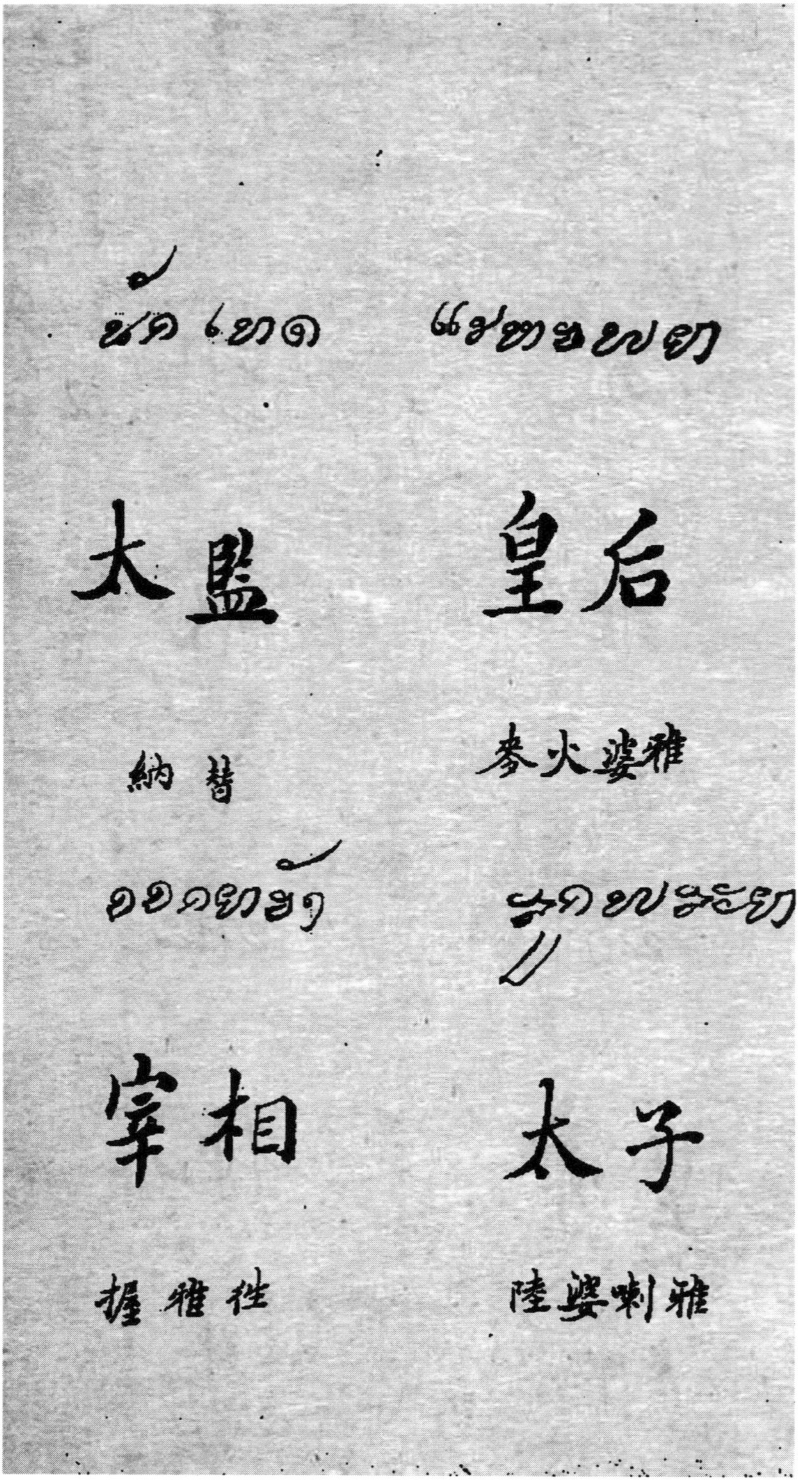
太監
納替
皇后
麥火婆雅
宰相
握雅往
太子
陸婆喇雅

ครู

師傅

可魯

ลูกศิษย์

徒弟

陸夕

ราชทูต

正使

辣掤兎

อุปทูต

副使

惡哼兎

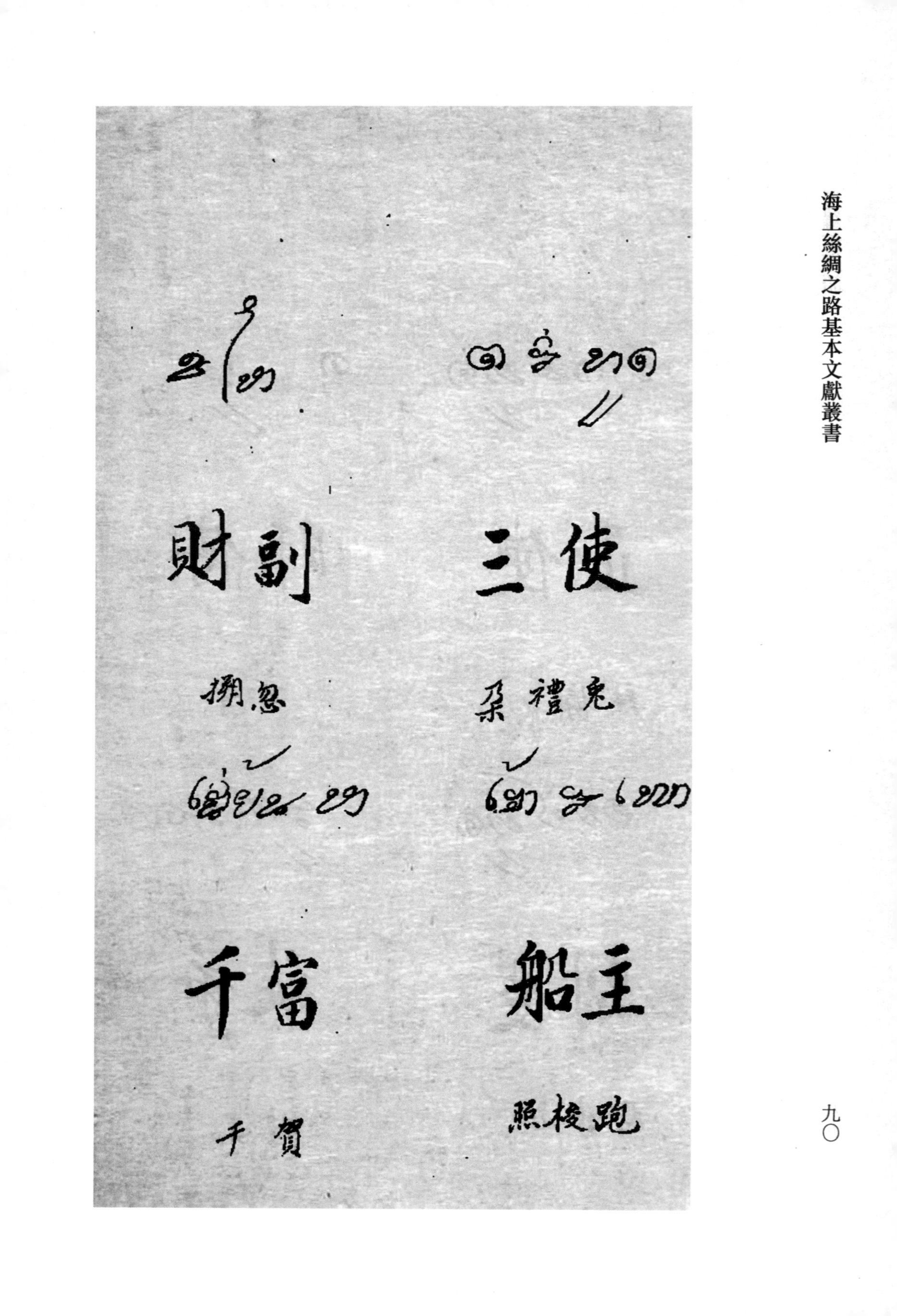

財副　　三使

捌忽　　朵禮兇

千富　　船主

千賀　　照梭跑

ตั้น คลอง

押江

押崗

ก่ ขัด

機察

機察

การ ชี้

幹事

敢細

บาญ ชี้

辦事

板細

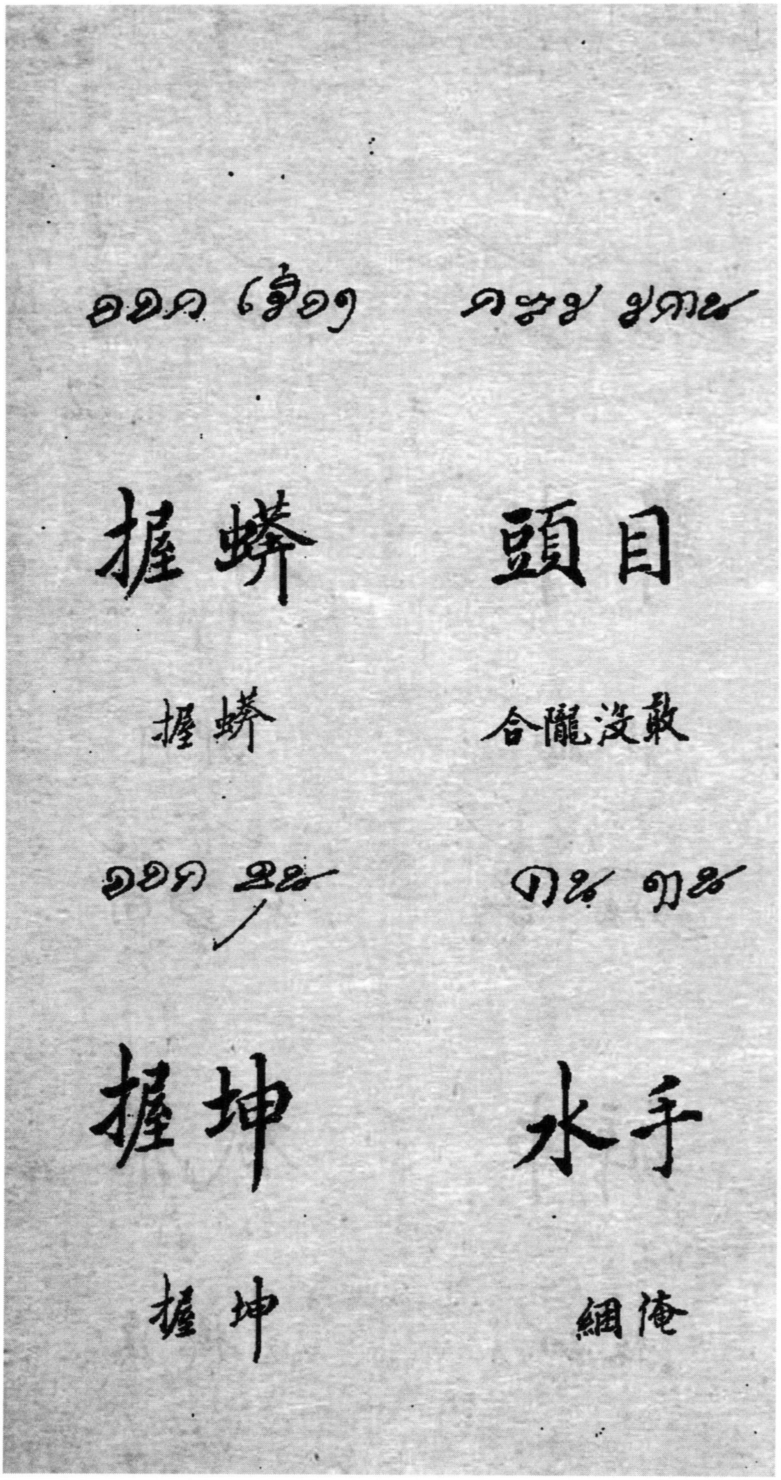
頭目
合隴沒敢
握蟒
握蟒
水手
細俺
握坤
握坤

ออกหมื่น

握閟

握閟

ออกพัน

握板

握板

ออกขุน

握文

握文

ออกหลวง

握郎

握郎

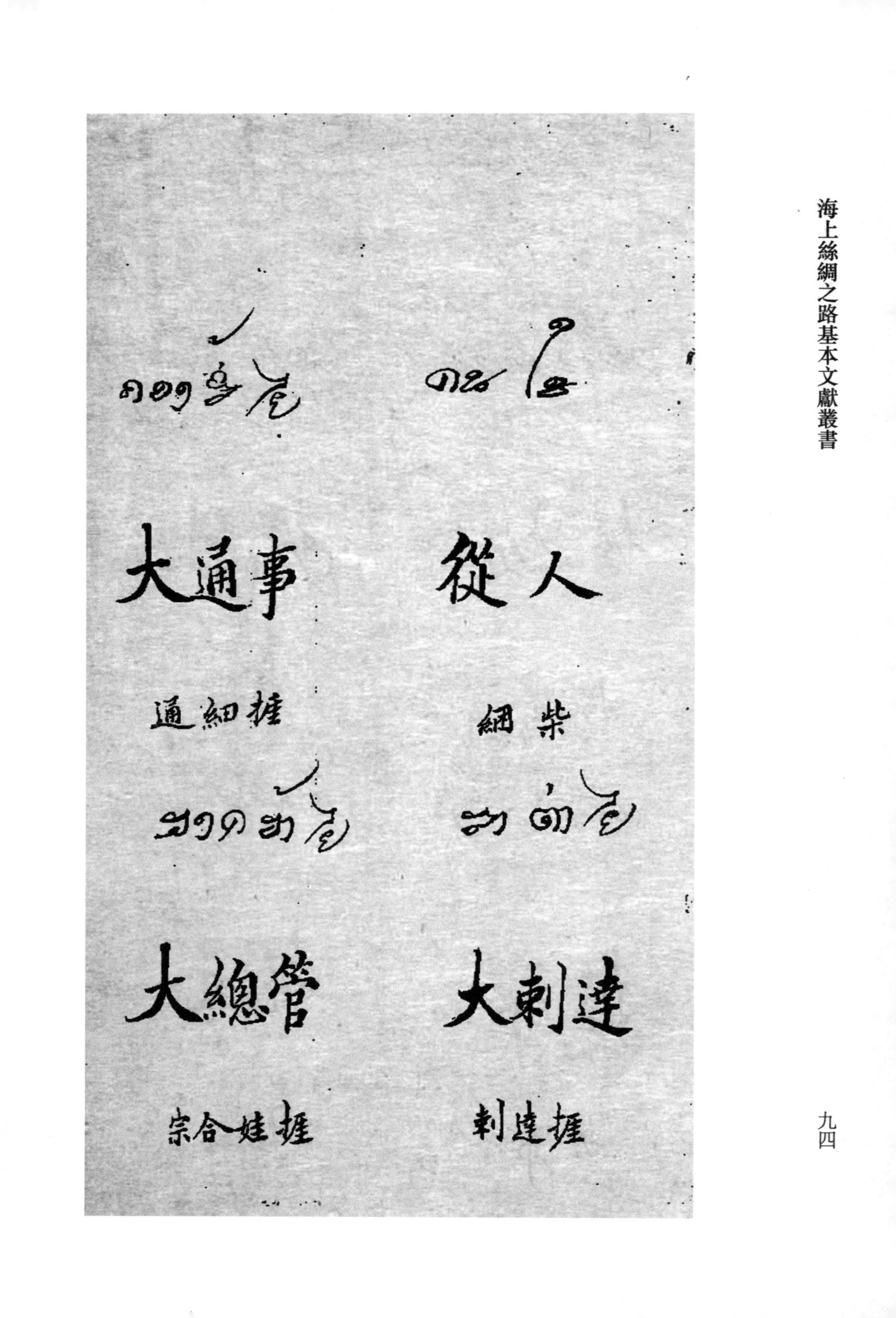

從人

細柴

大通事

通細搥

大剌達

剌達搥

大總管

宗合娃搥

[illegible]

二總管

虎宗合娃

[illegible]

小夥長

頓渾明

ต้นหนใหญ่

大夥長

頓渾捱

ออกญาวัง

握啞往

握啞往

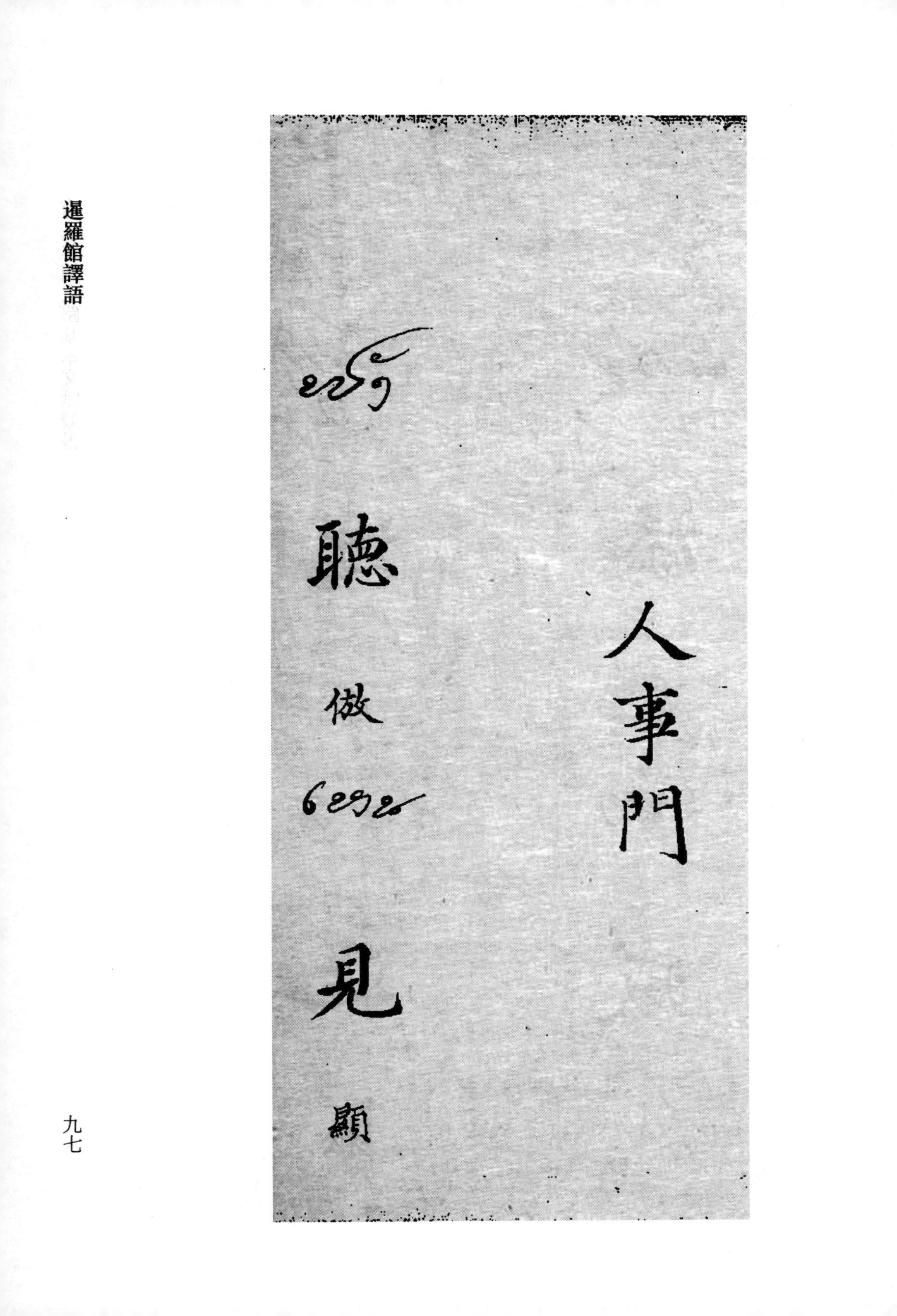

人事門

聽

傲

見

顯

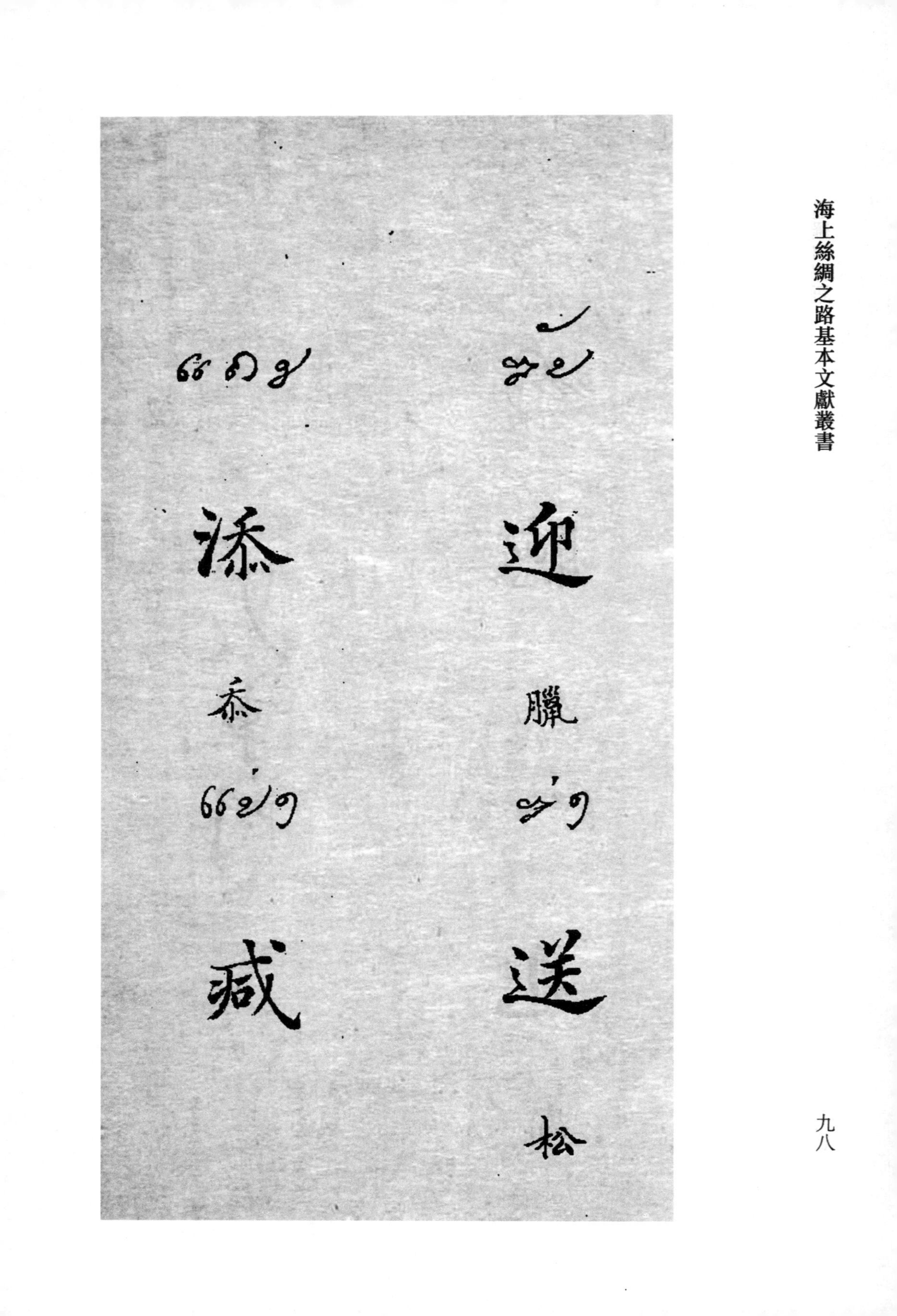

รับ

迎

臘

ส่ง

送

松

เติม

添

忝

[illegible]

藏

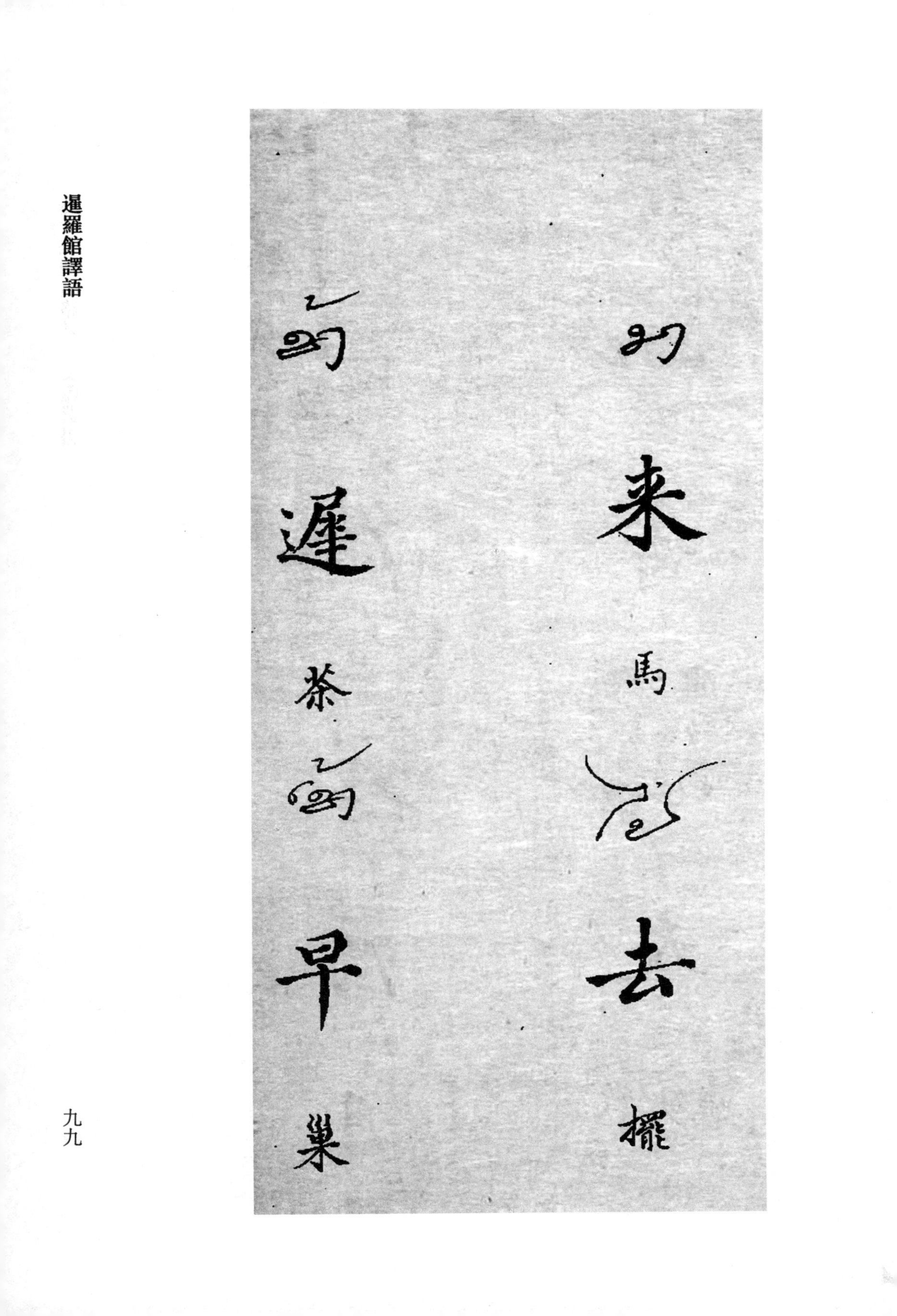

มา
来
馬

ไป
去
擺

ช้า
遲
茶

เช้า
早
巢

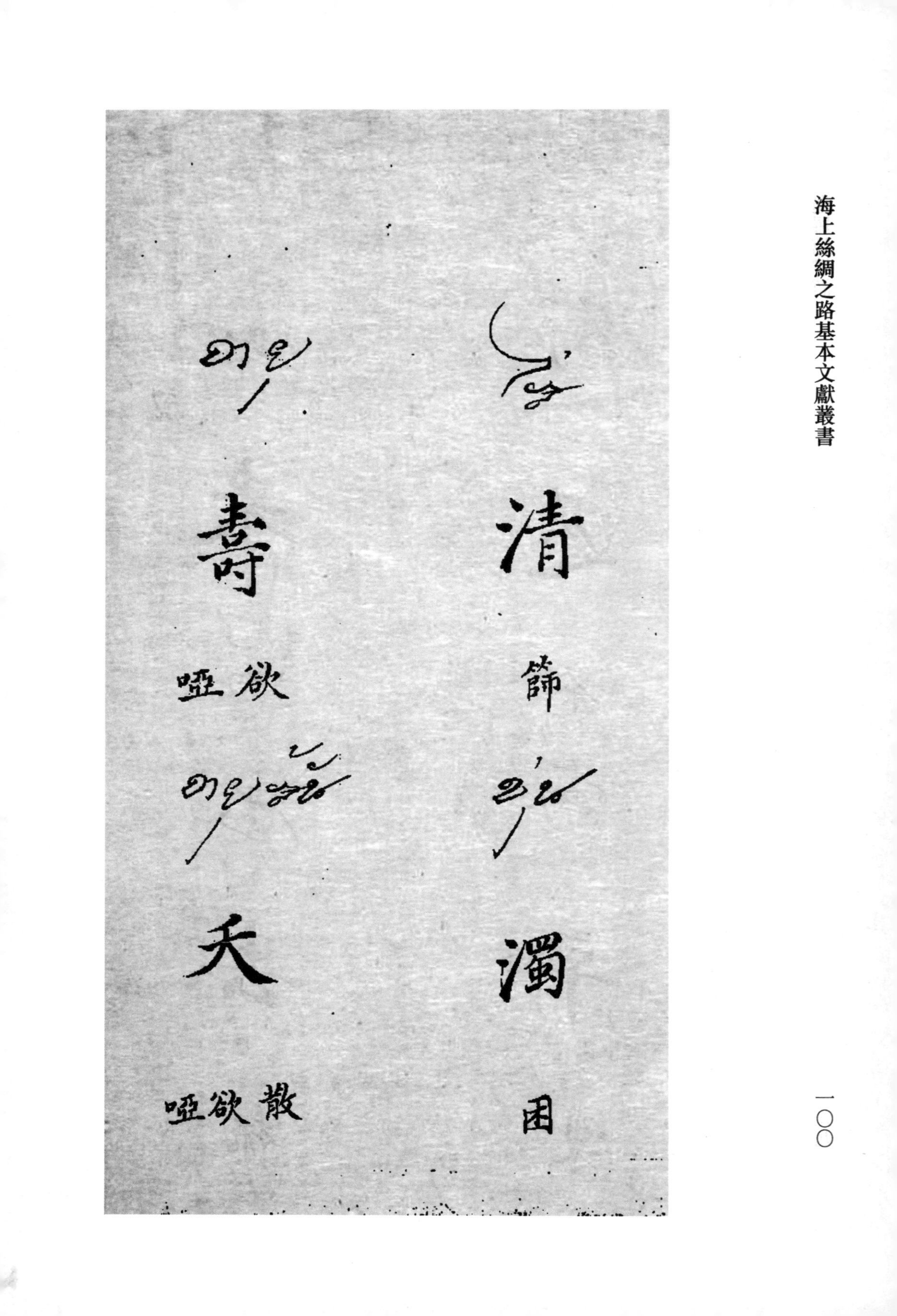

ใส

清

篩

ขุ่น

濁

困

อายุ

壽

啞欲

อายุสั้น

夭

啞欲散

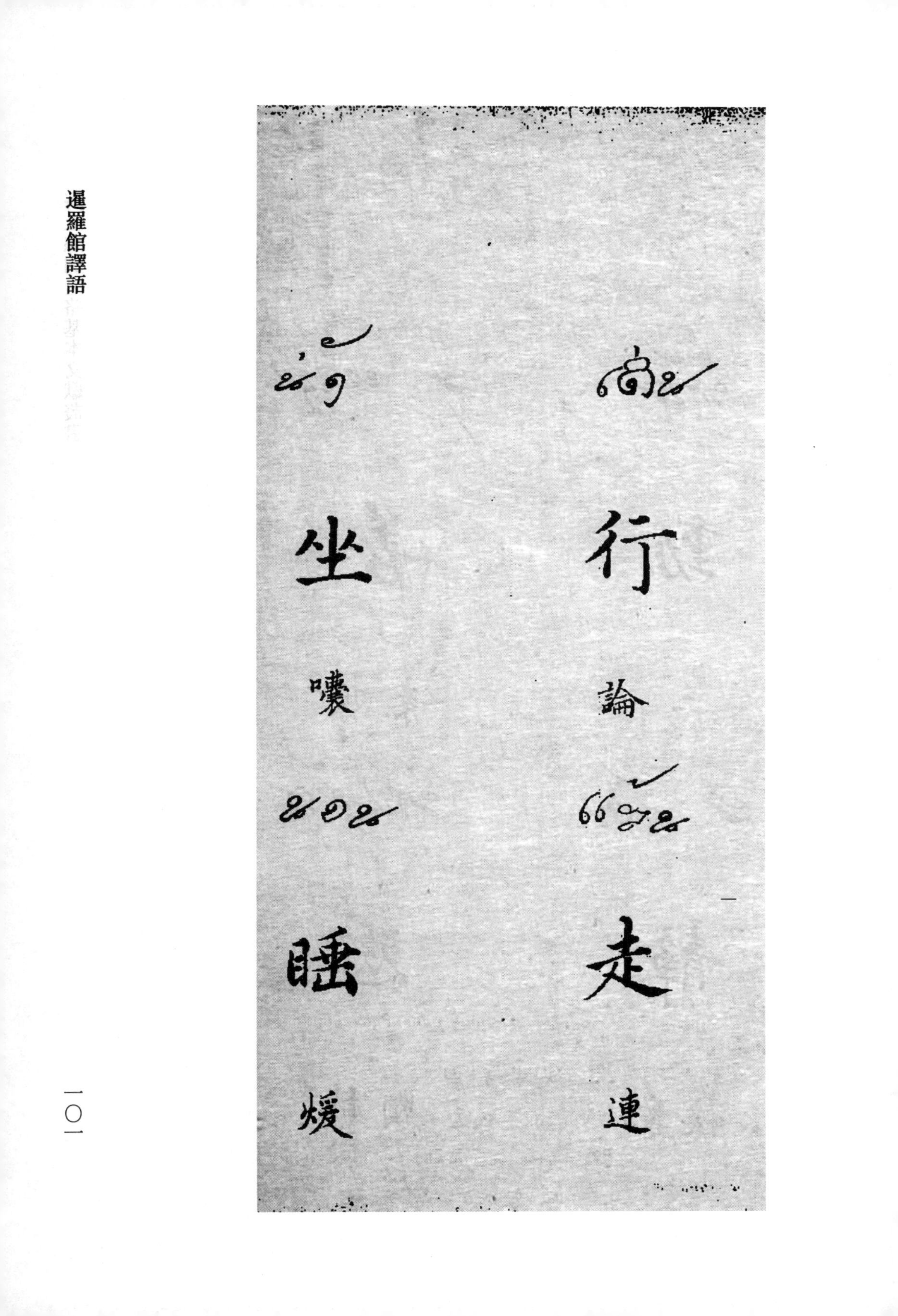

เดิน

行

論

แล่น

走

連

นั่ง

坐

囔

นอน

睡

煖

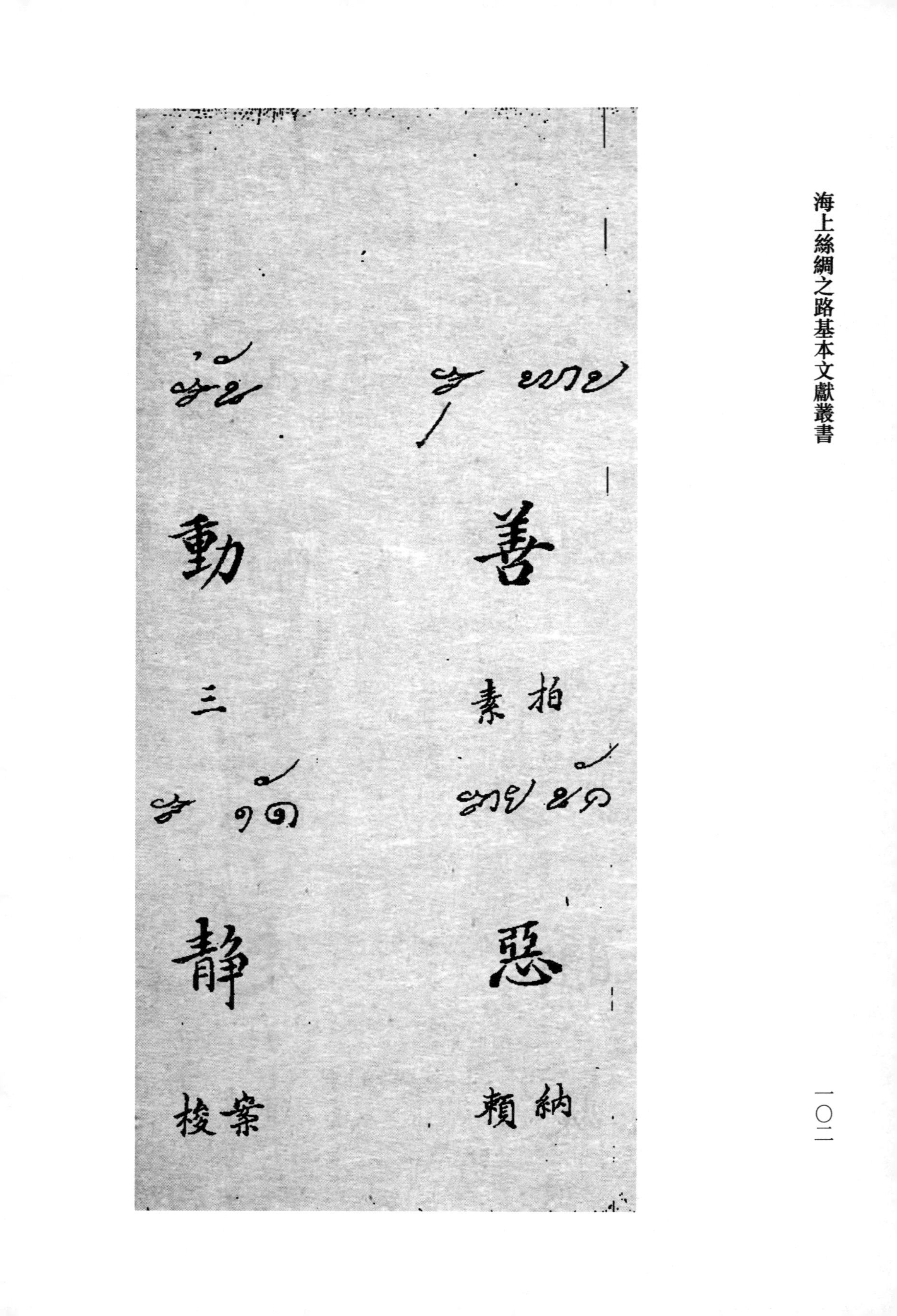

善

柏素

惡

納賴

動

三

靜

寨棱

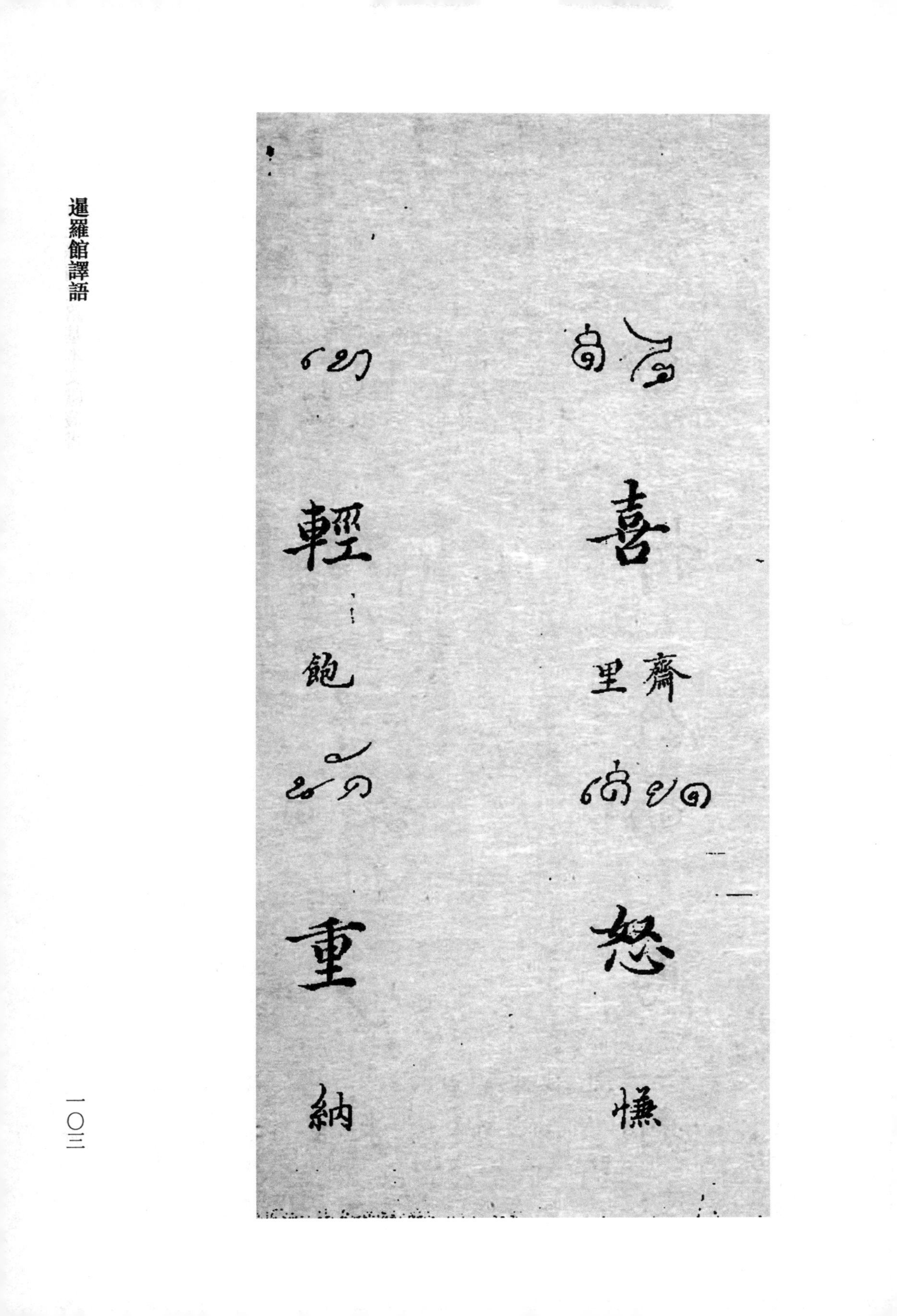

ดีใจ

喜

齊里

เคียด

怒

慊

เบา

輕

飽

หนัก

重

納

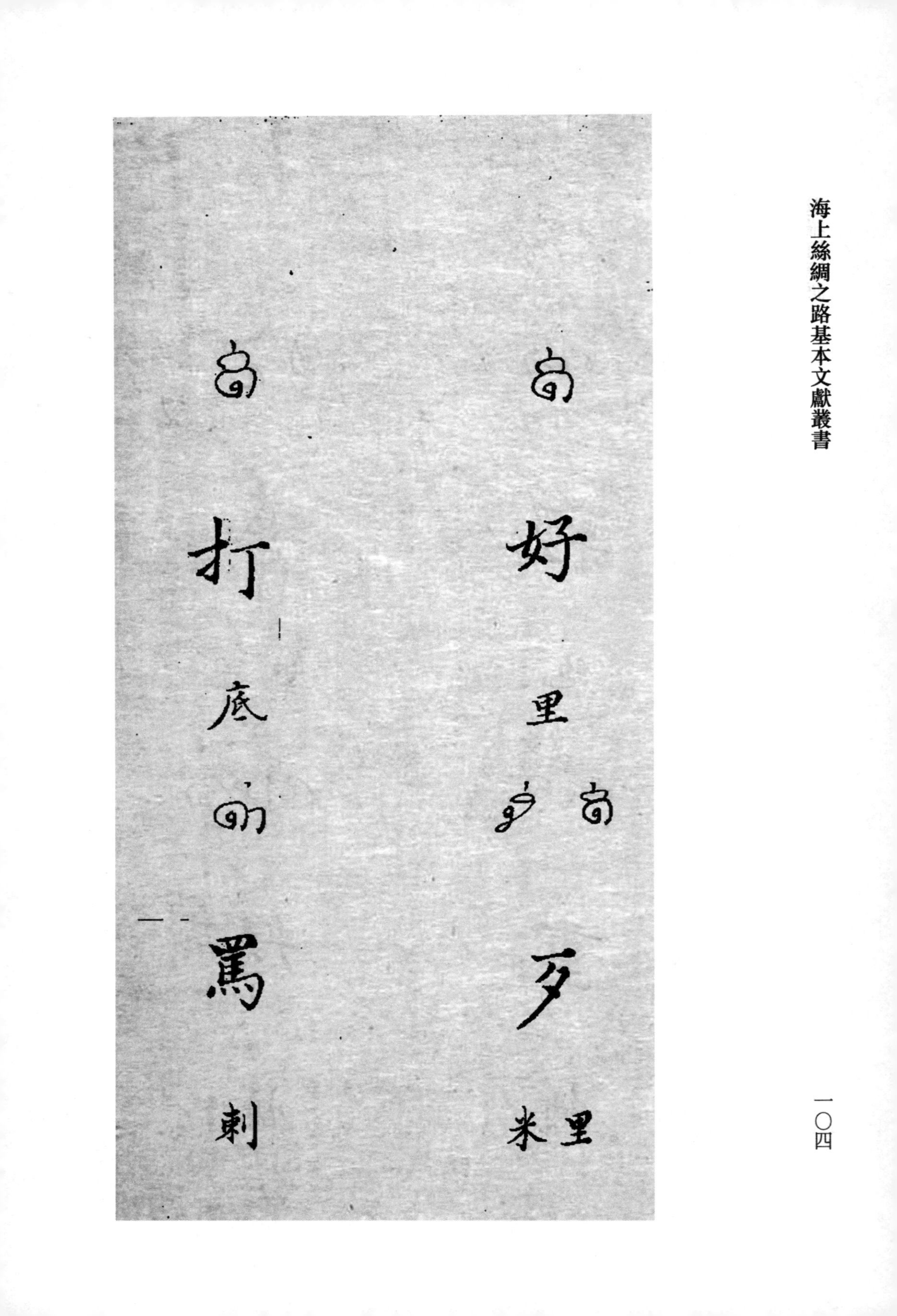

好 里

歹 里米

打 底

罵 刺

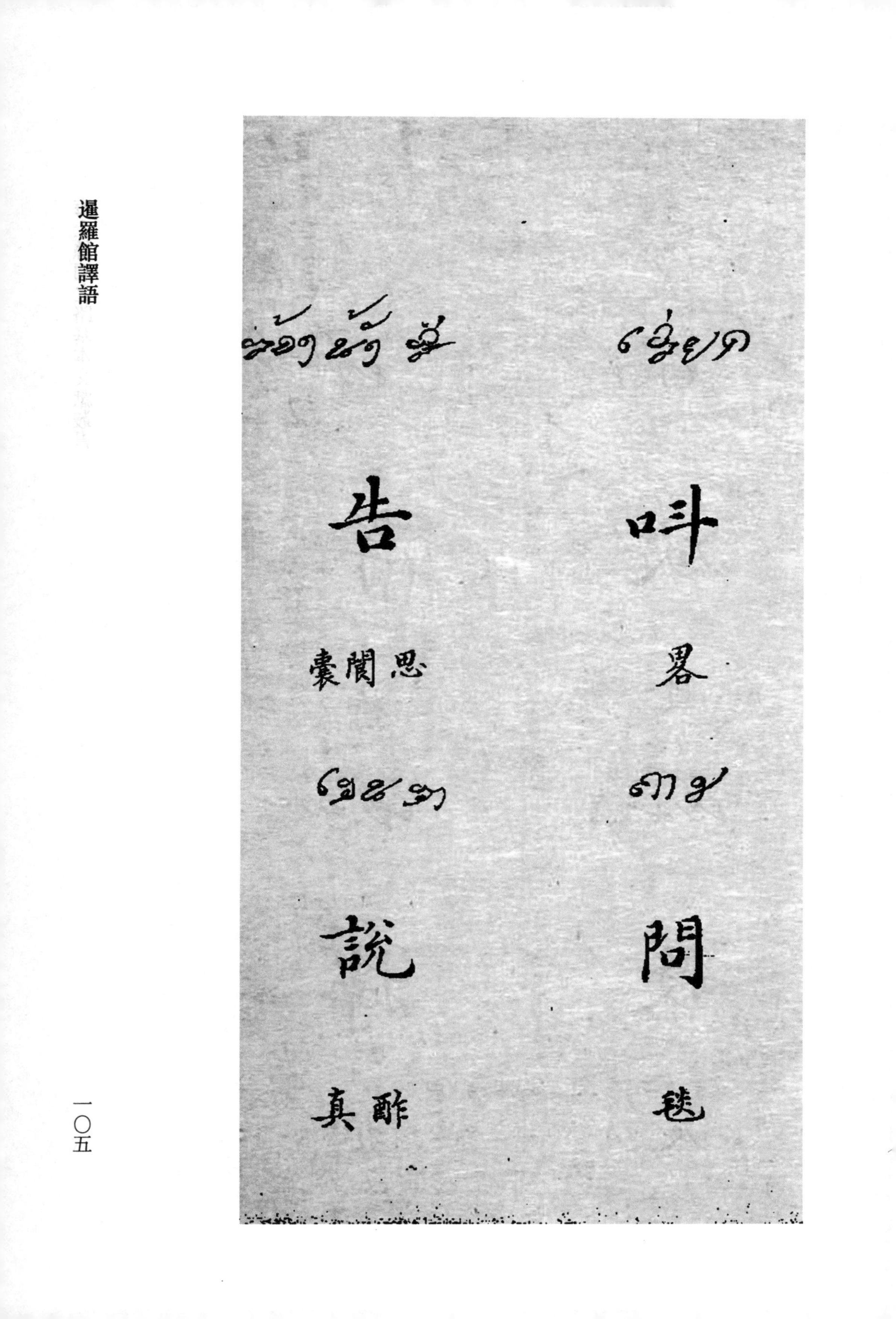

เรียก

呌

畧

ถาม

問

毯

หนังลังสื่

告

囊閬思

เจรจา

說

真酢

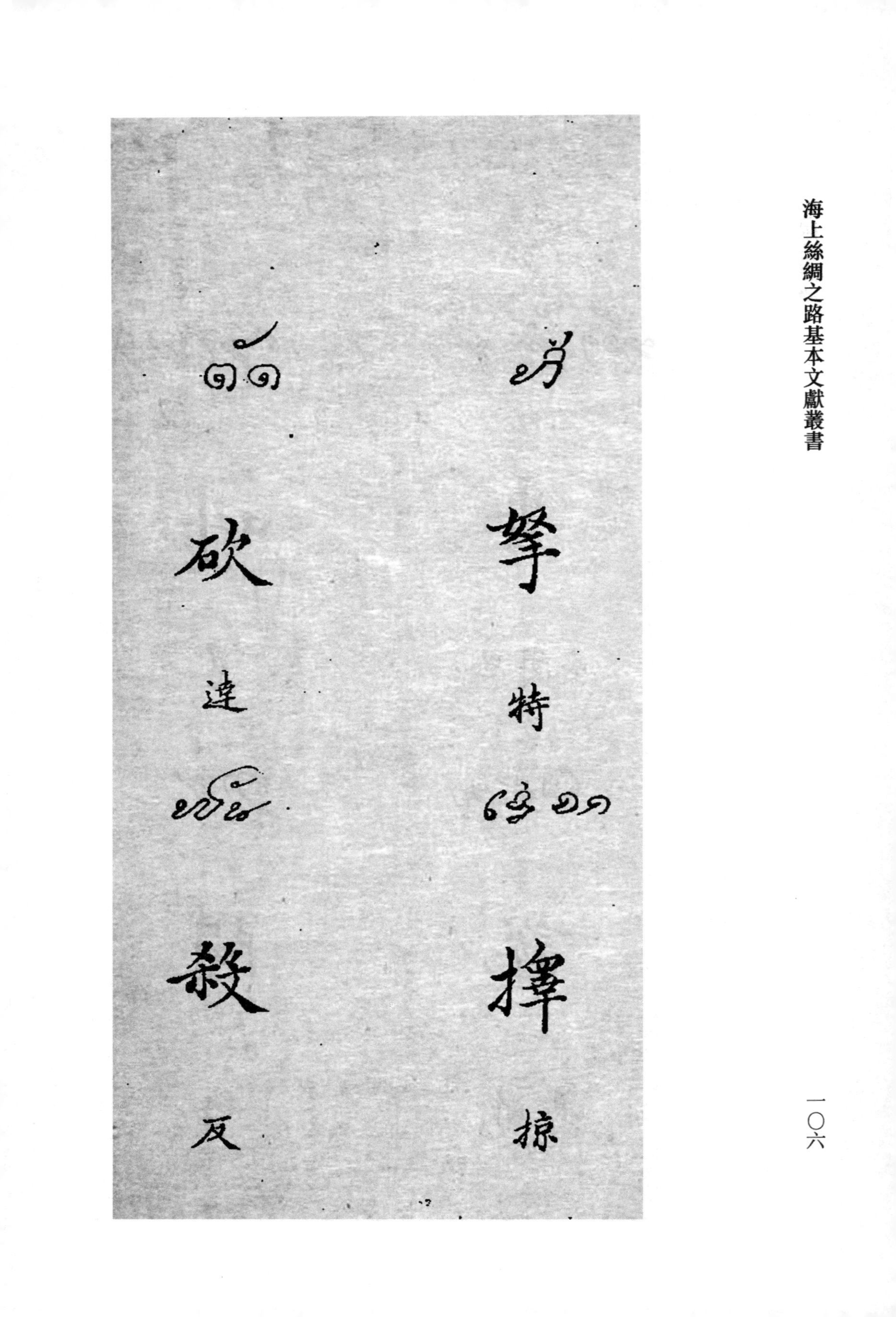

ยิง

弩

特

เงี้ยดด

撑

掠

ฟัด

砍

達

ฆ่าฆี้

殺

反

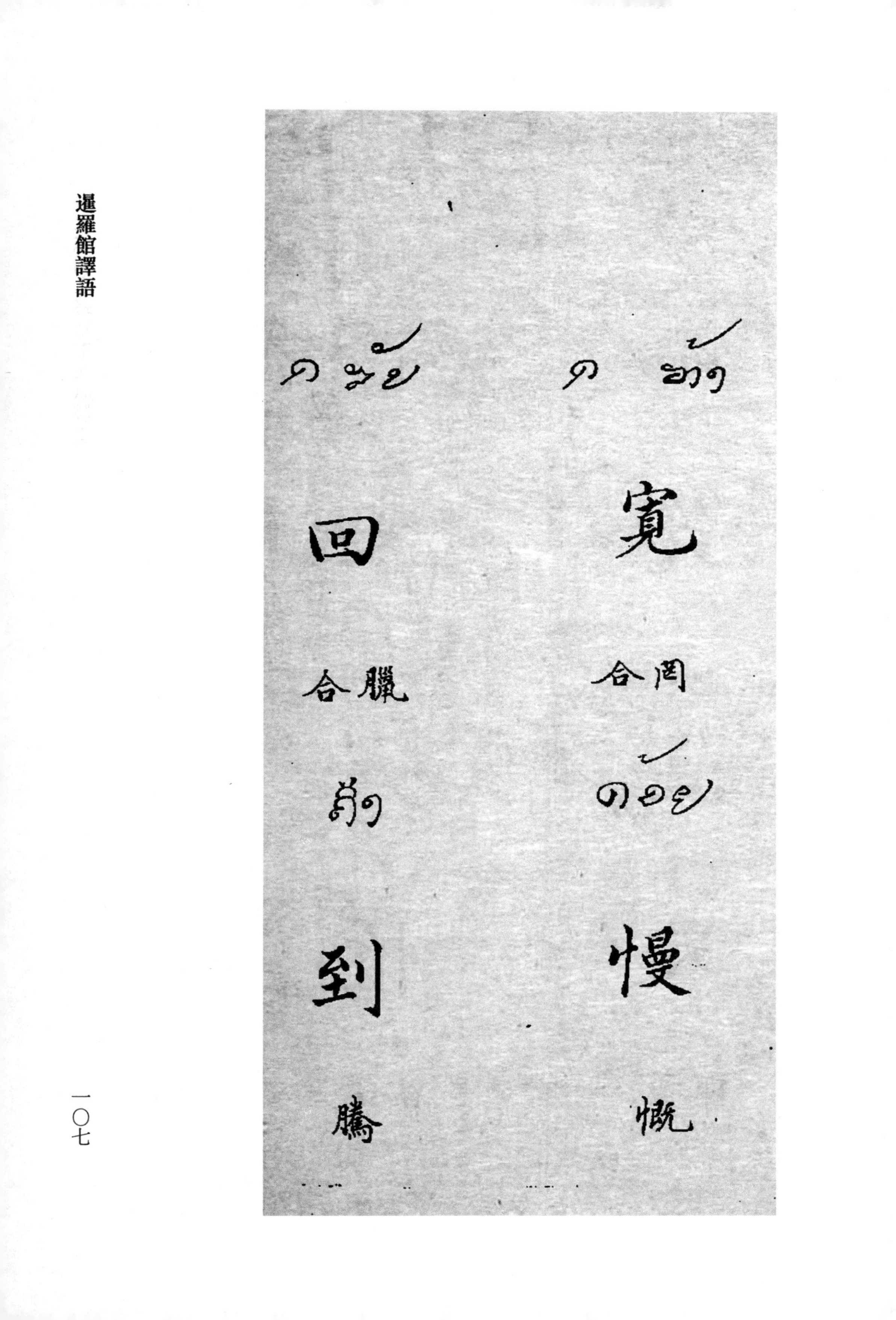

กว้าง

寬

合闊

ค่อย

慢

慨

กลับ

回

合朧

ถึง

到

騰

愛

賴罵

怕

邏合

笑

火

哭

害郎

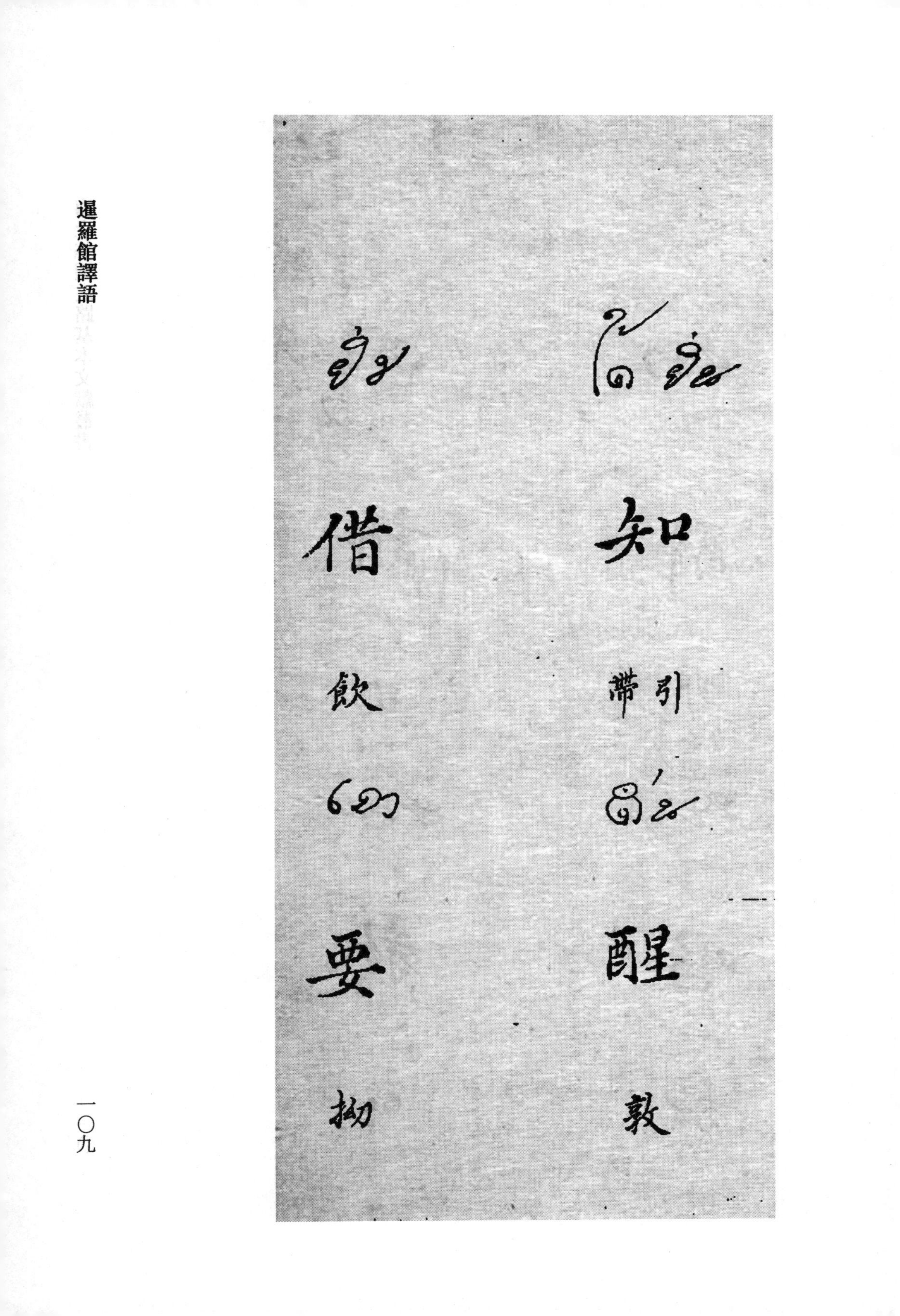

ได้ยิน

知

帶引

ตื่น

醒

敦

ยืม

借

飲

เอา

要

拗

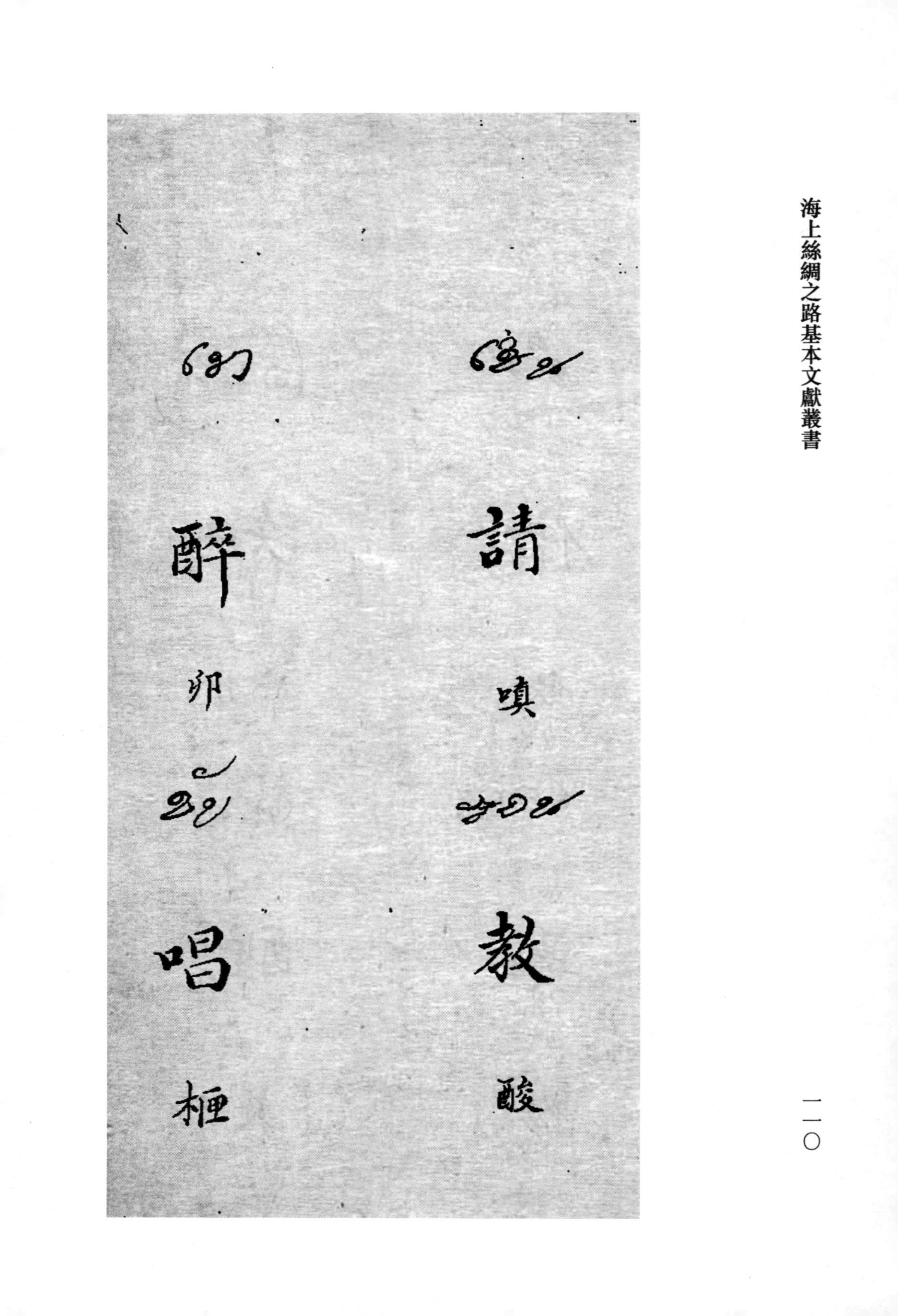

請 嗔

教 酸

醉 卯

唱 椏

ตาย

死

歹

เข้า มา

入

靠馬

แก่ นัก

尊

皆納

นุ่ย

卑

嫩

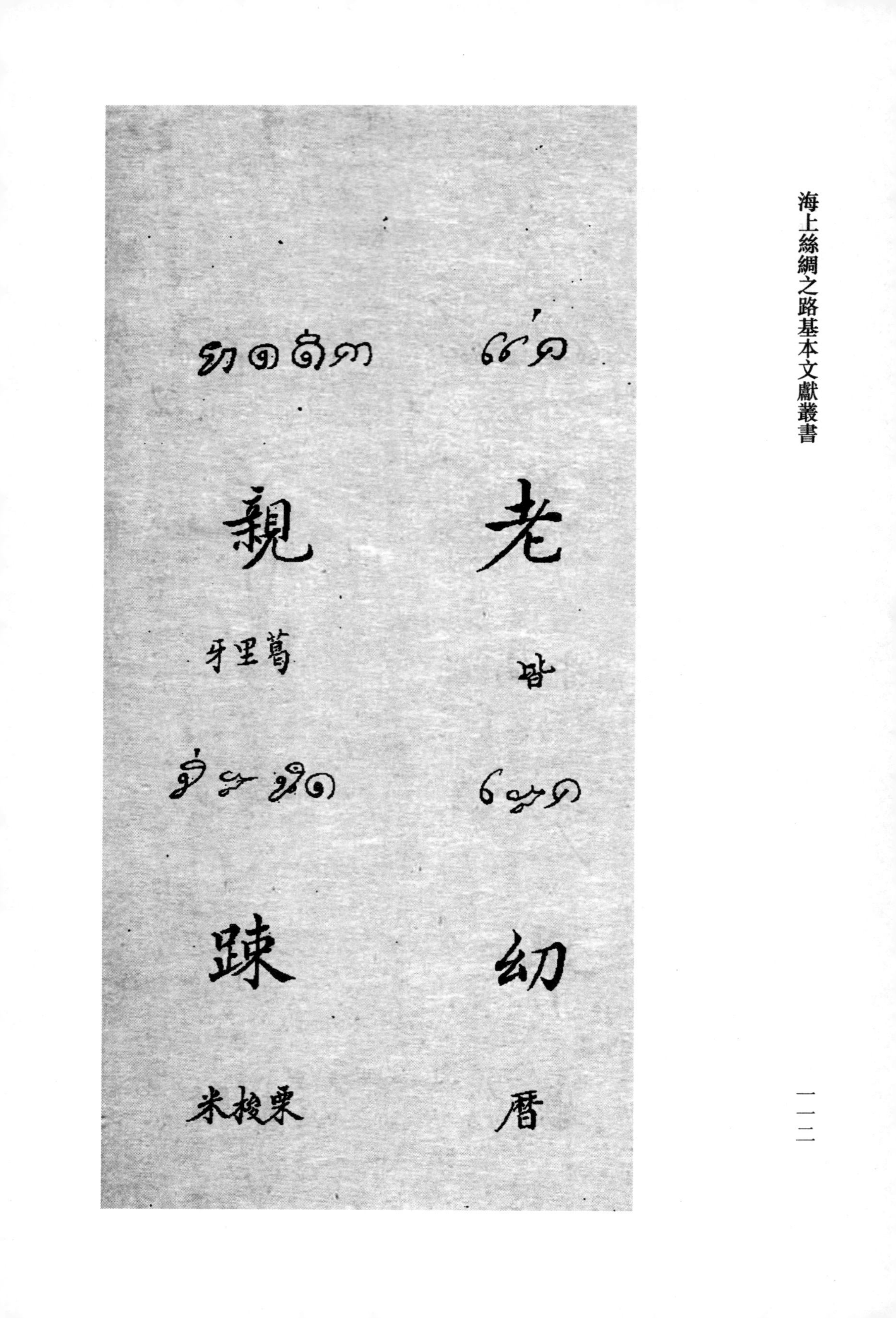

เถ่า

老

皆

ญาติกา

親

牙里葛

เยาว

幼

暦

[illegible]

踈

米梭栗

คุกเข่าเฝ้า

跪

搞火褌

กราบ

拜

臘合

ไปเข้า

進

擺靠

ถอยไป

退

擺退

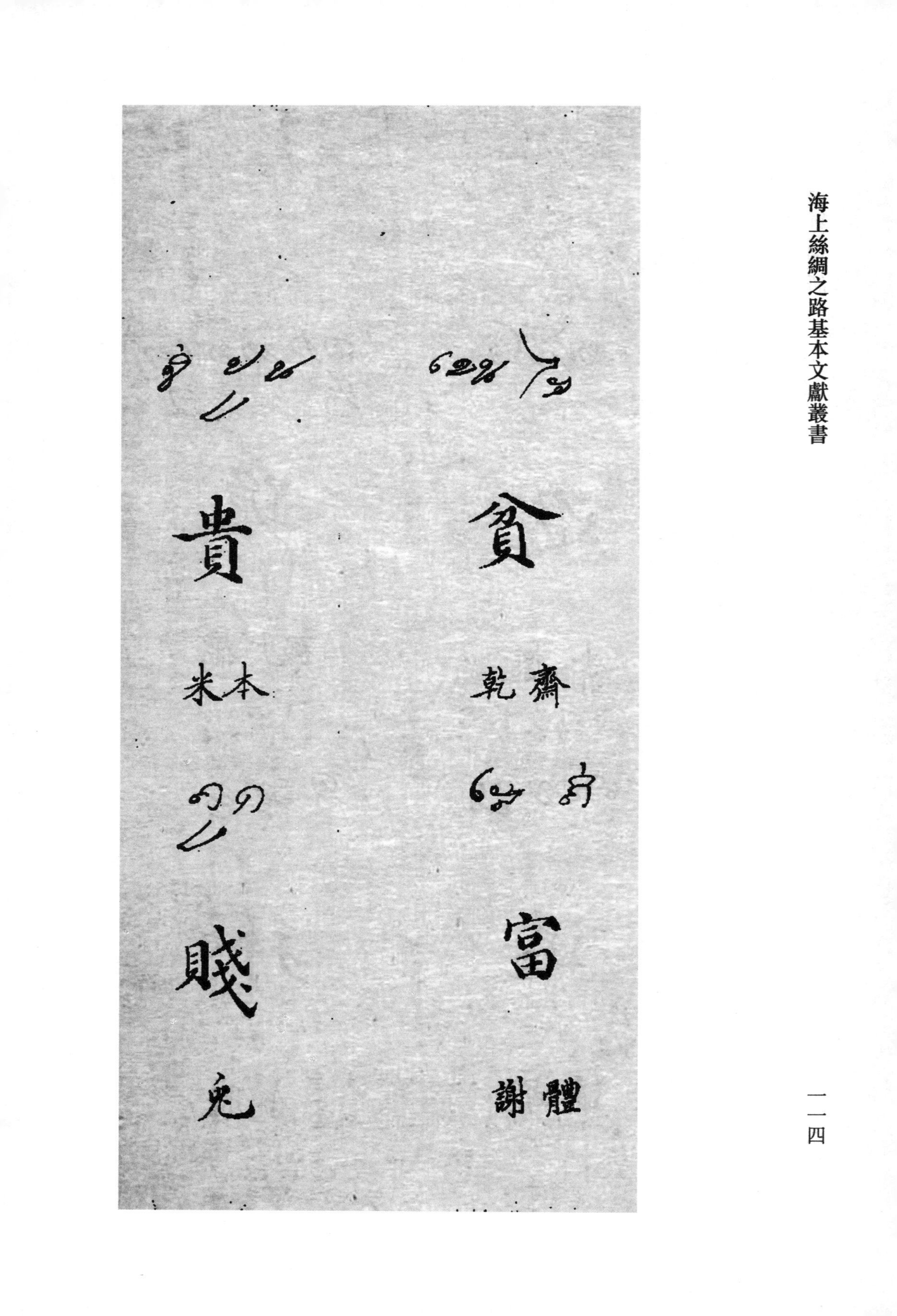

貧　齋乾　富　體謝

貴　本米　賤　免

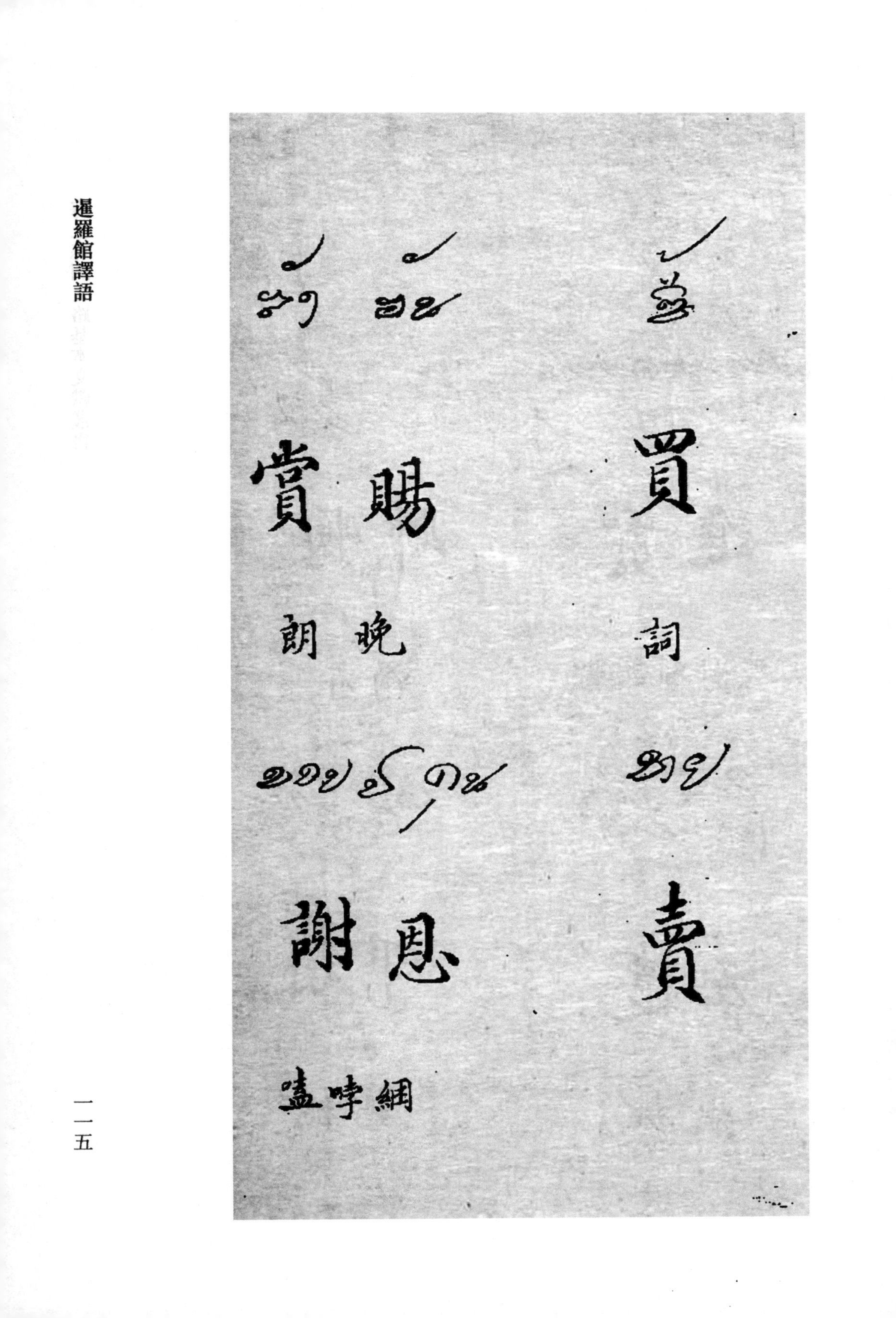

ซื้อ
買
詞

ขาย
賣

รางวัล
賞賜
朗晚

ขอบใจคุณ
謝恩
嗑哱絅

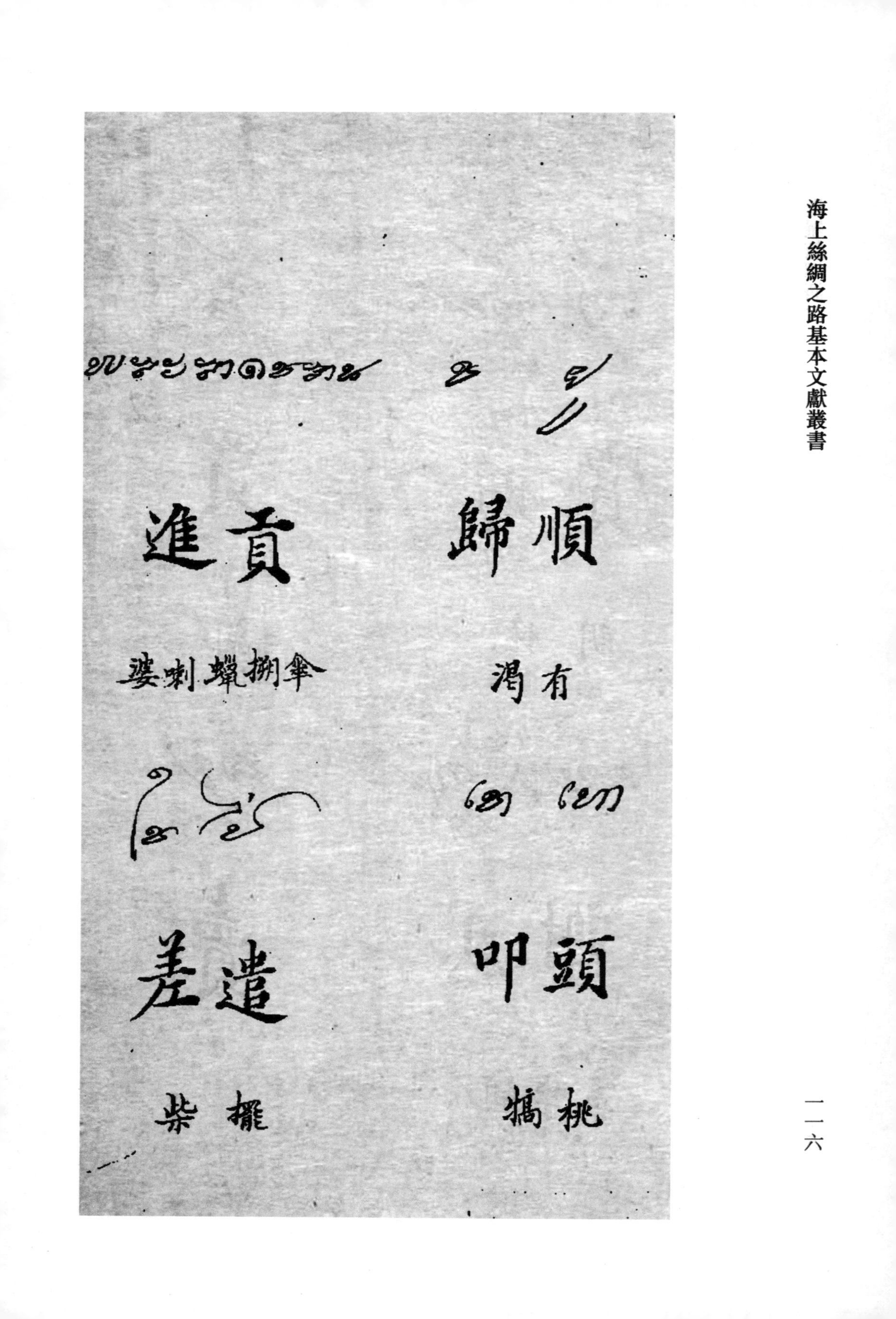

歸順

渴有

進貢

婆喇蠟捌傘

叩頭

犒桃

差遣

柴擺

กินเลี้ยง

食宴

謹良

ไหว้

合掌

歪

ลุกขึ้น

起身

路揹

ตามกัน

跟隨

膽廊

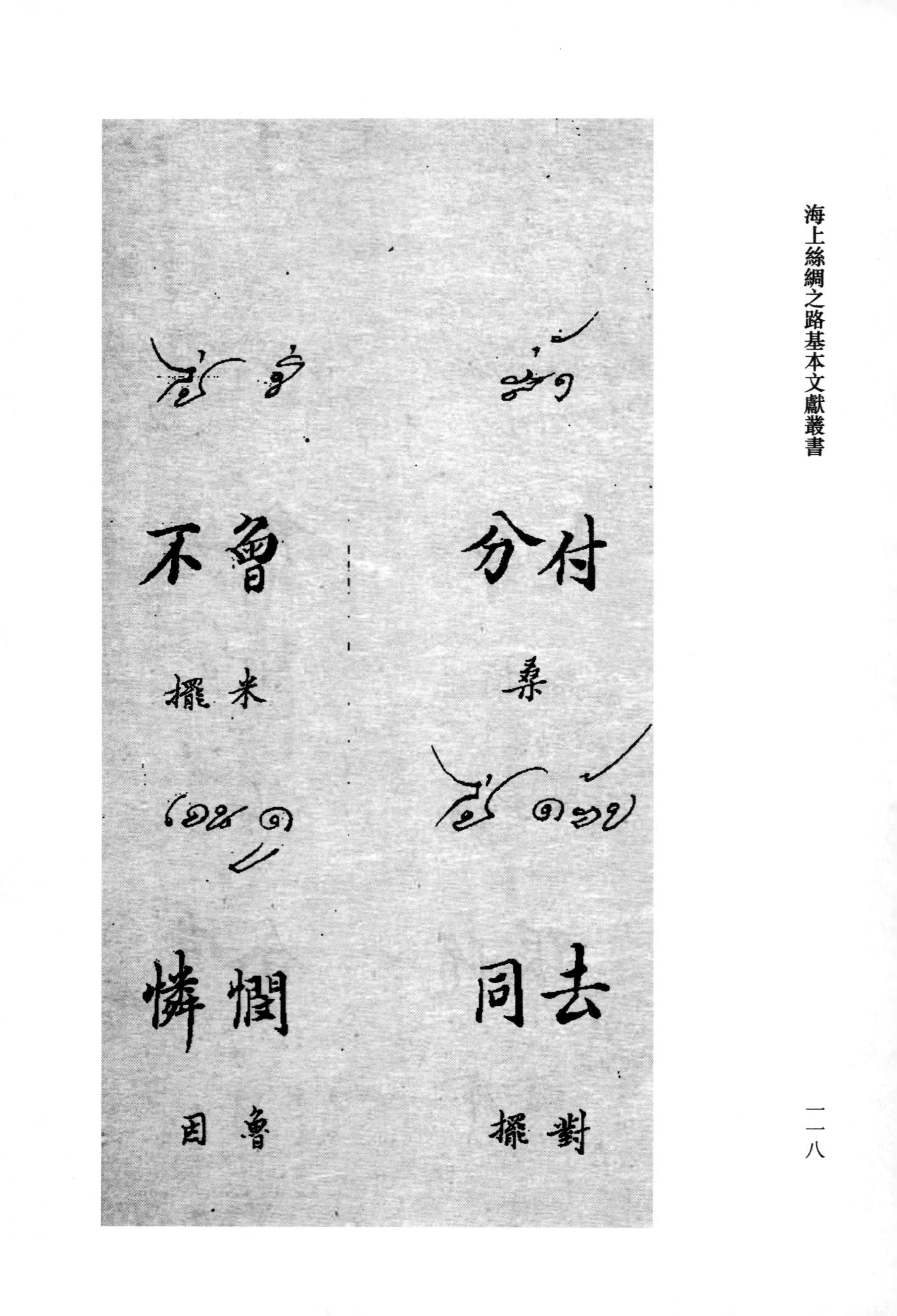

สั่ง

分付

桑

ไปด้วย

同去

擺對

ไปมิ

不曾

擺米

เอ็นดู

憐惯

因魯

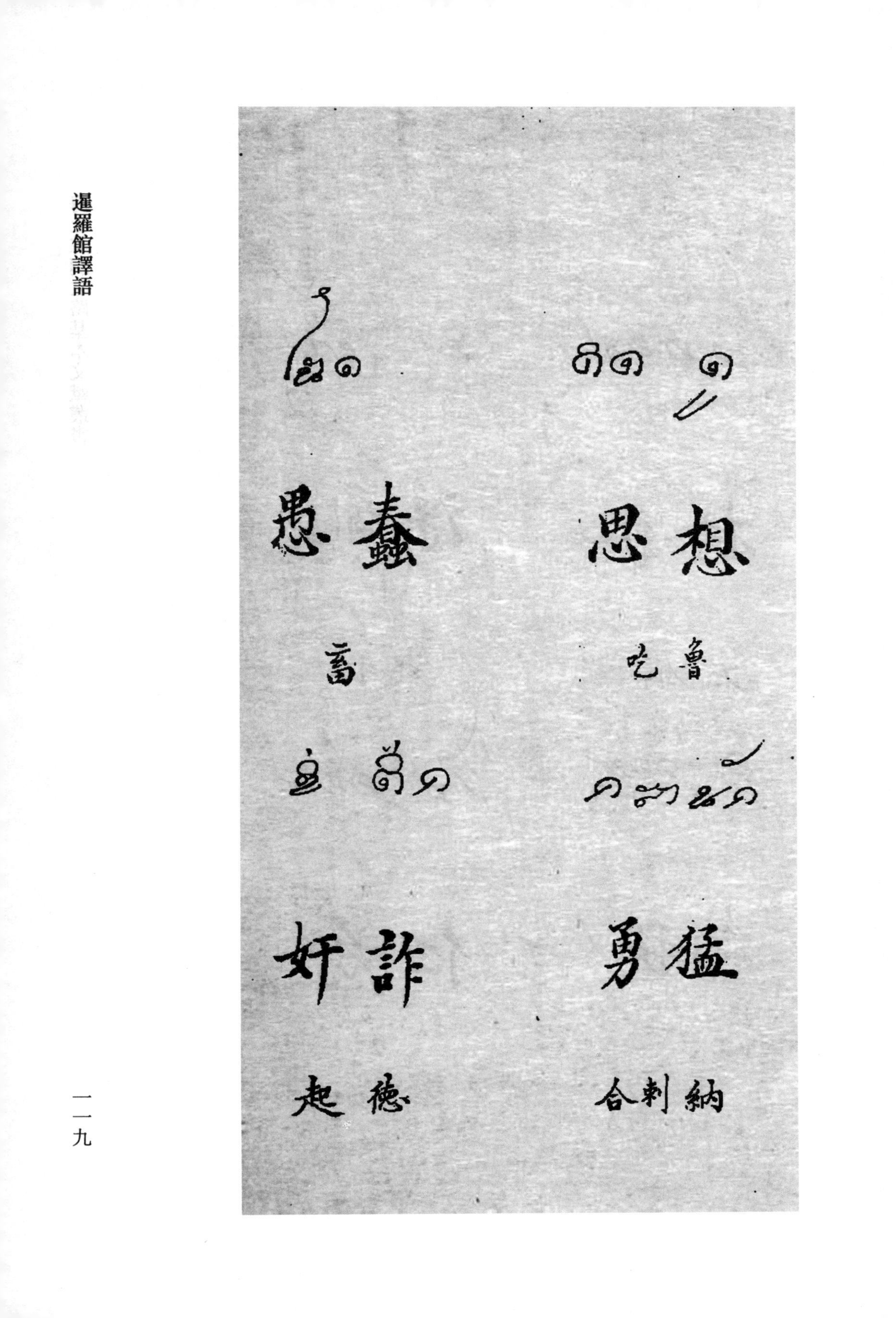

[illegible]

思想

吃魯

[illegible]

勇猛

合剌納

[illegible]

愚蠢

畜

[illegible]

奸詐

趣德

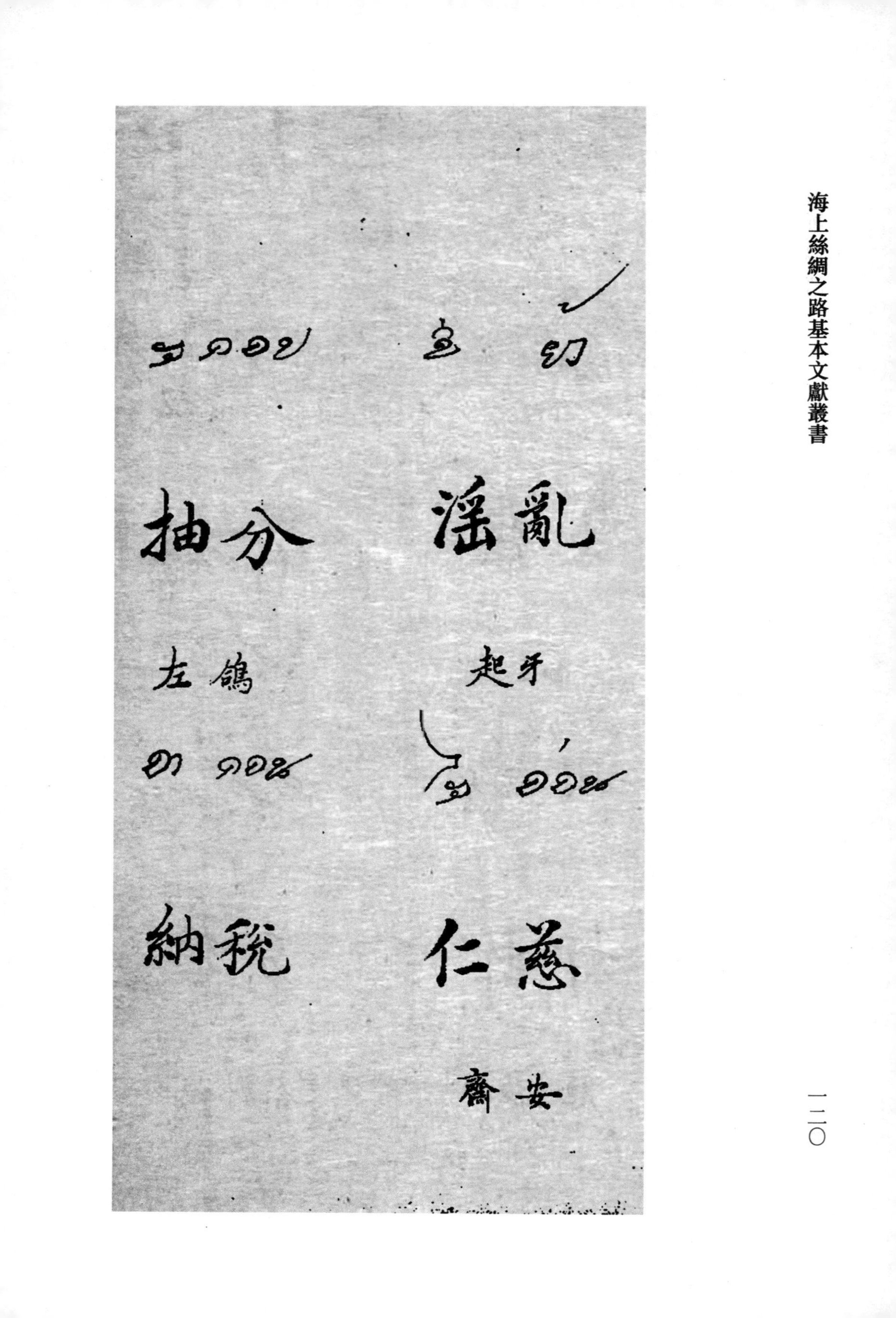

淫亂

起牙

仁慈

齋安

抽分

左鴿

納稅

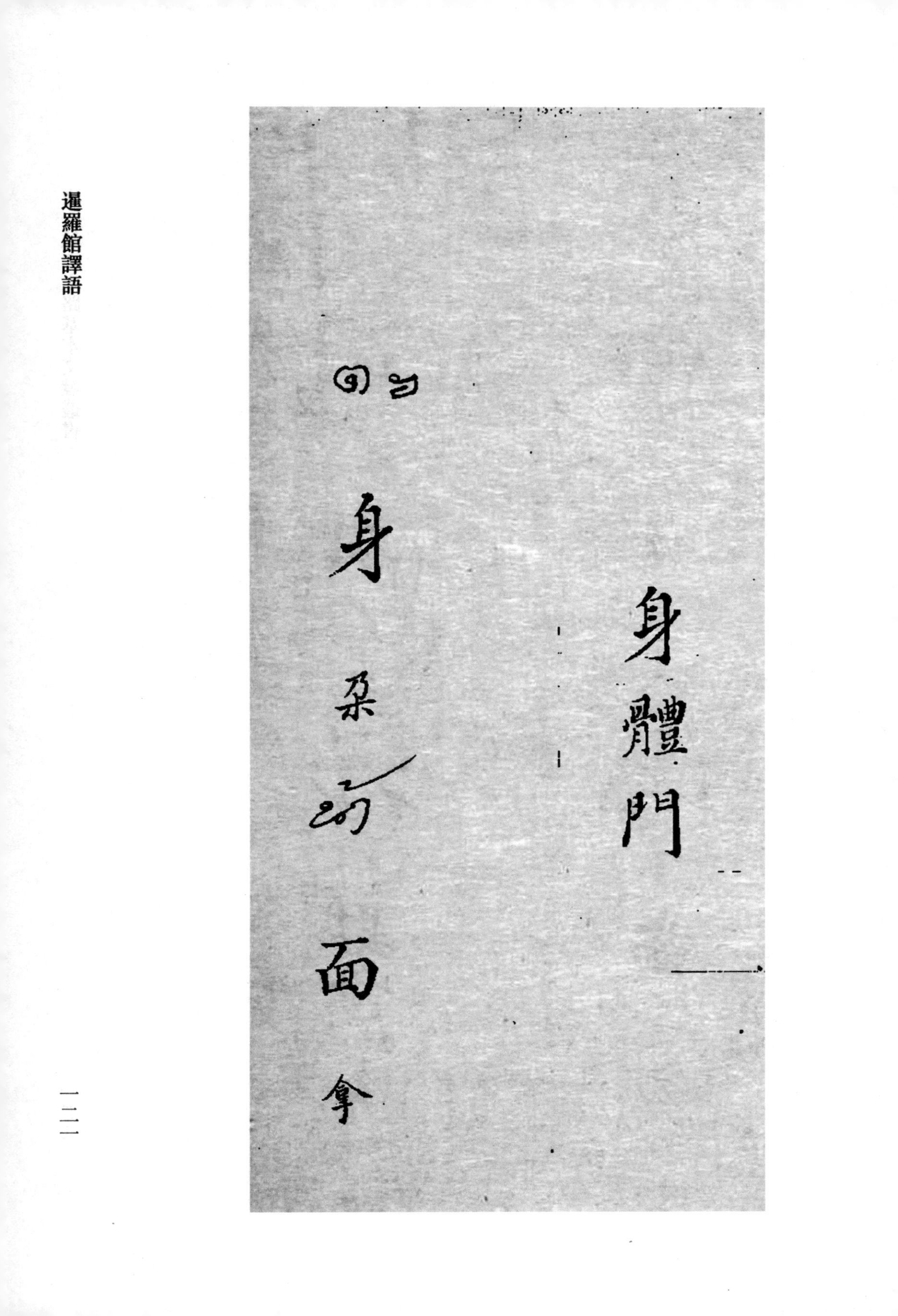

身體門

身 朶

面 拿

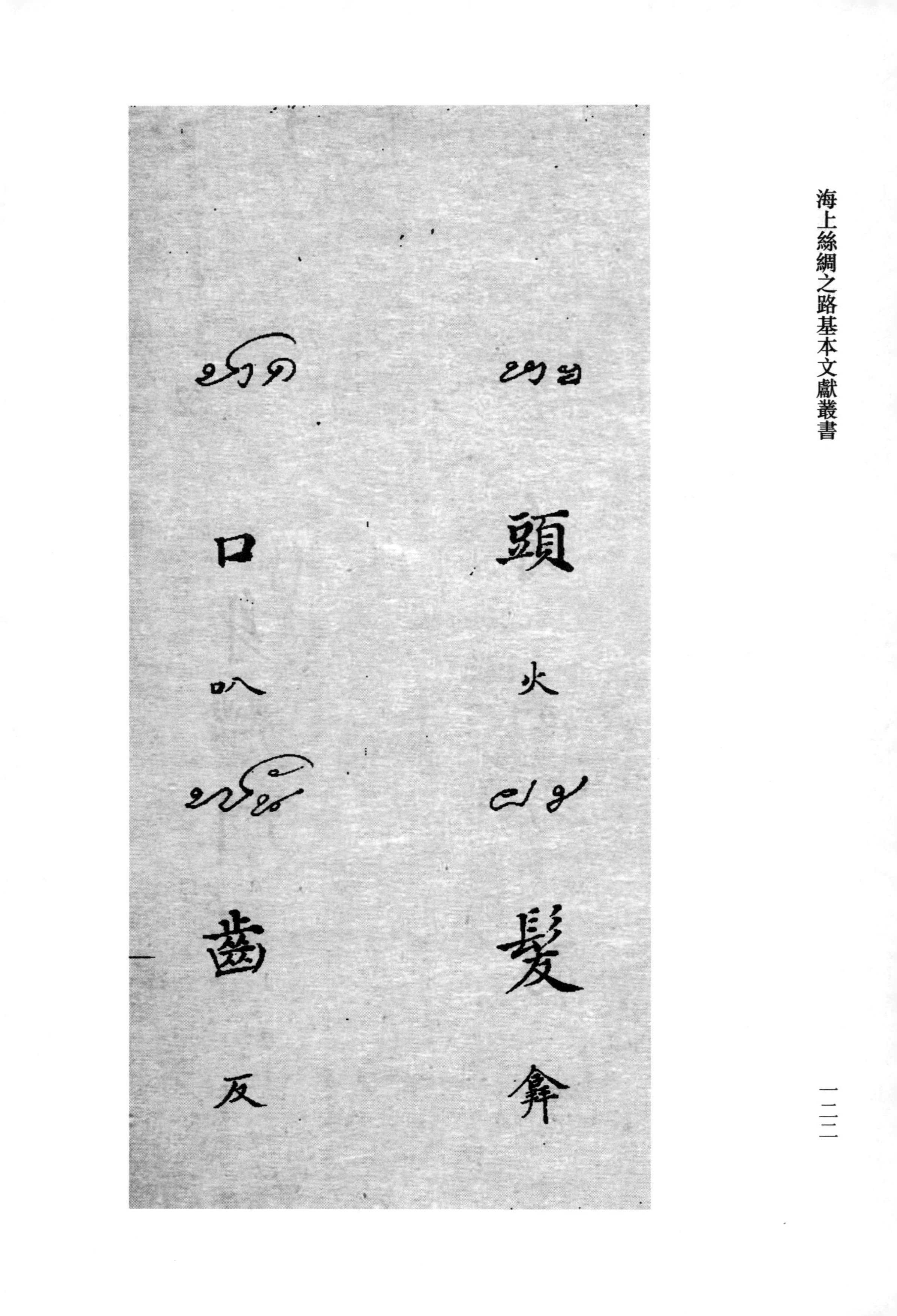

หัว

頭

火

ผม

髮

[illegible]

ปาก

口

叭

ฟัน

齒

反

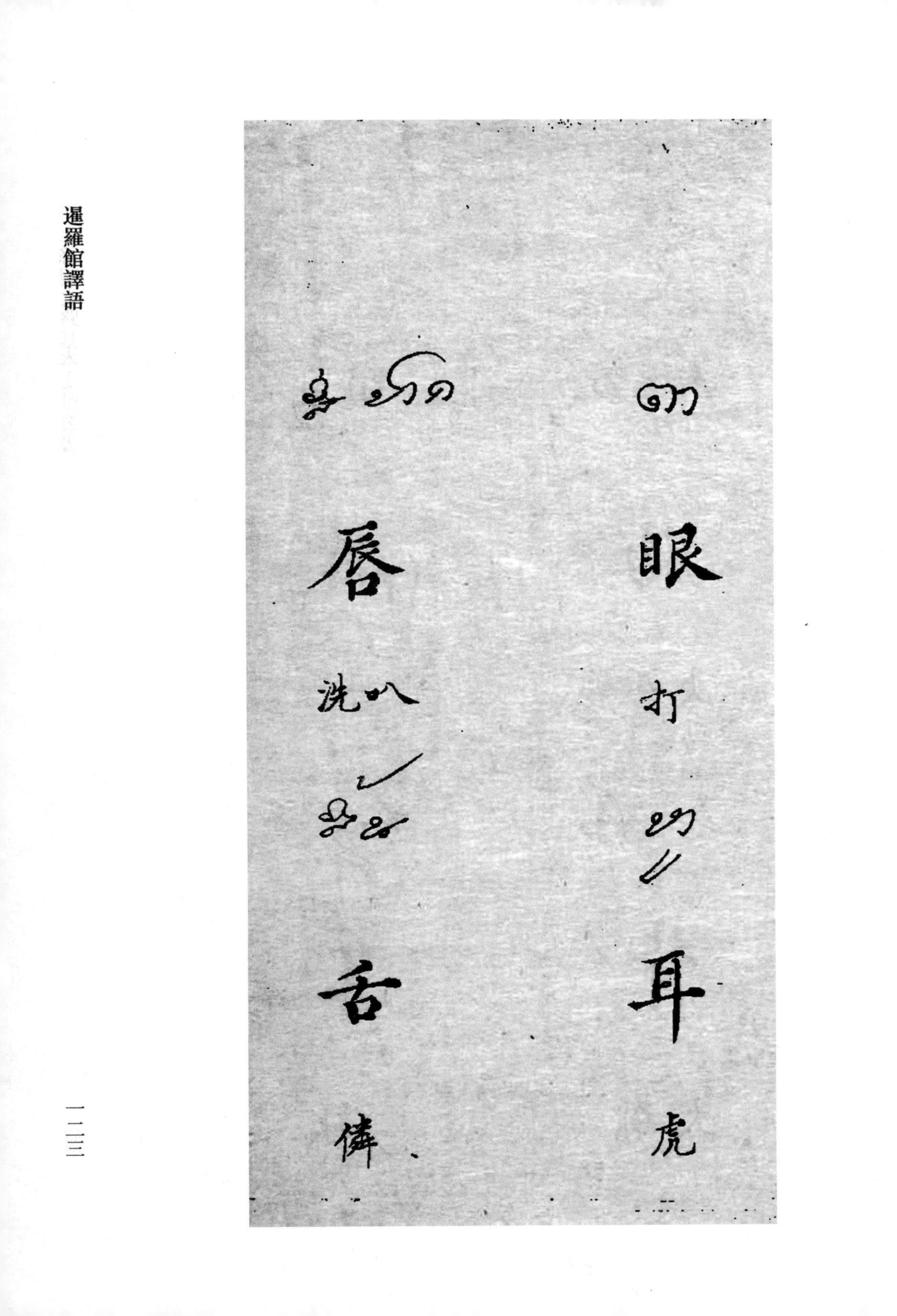

ตา
眼
打

หู
耳
虎

ฝีปาก
唇
洗叭

ลิ้น
舌
僯

คิ้ว

眉

求

จมูก

鼻

左木

หนาอก

胸

火屋

หลัง

背

火賴

手 嘿

脚 頂

心 齋

膓 賽

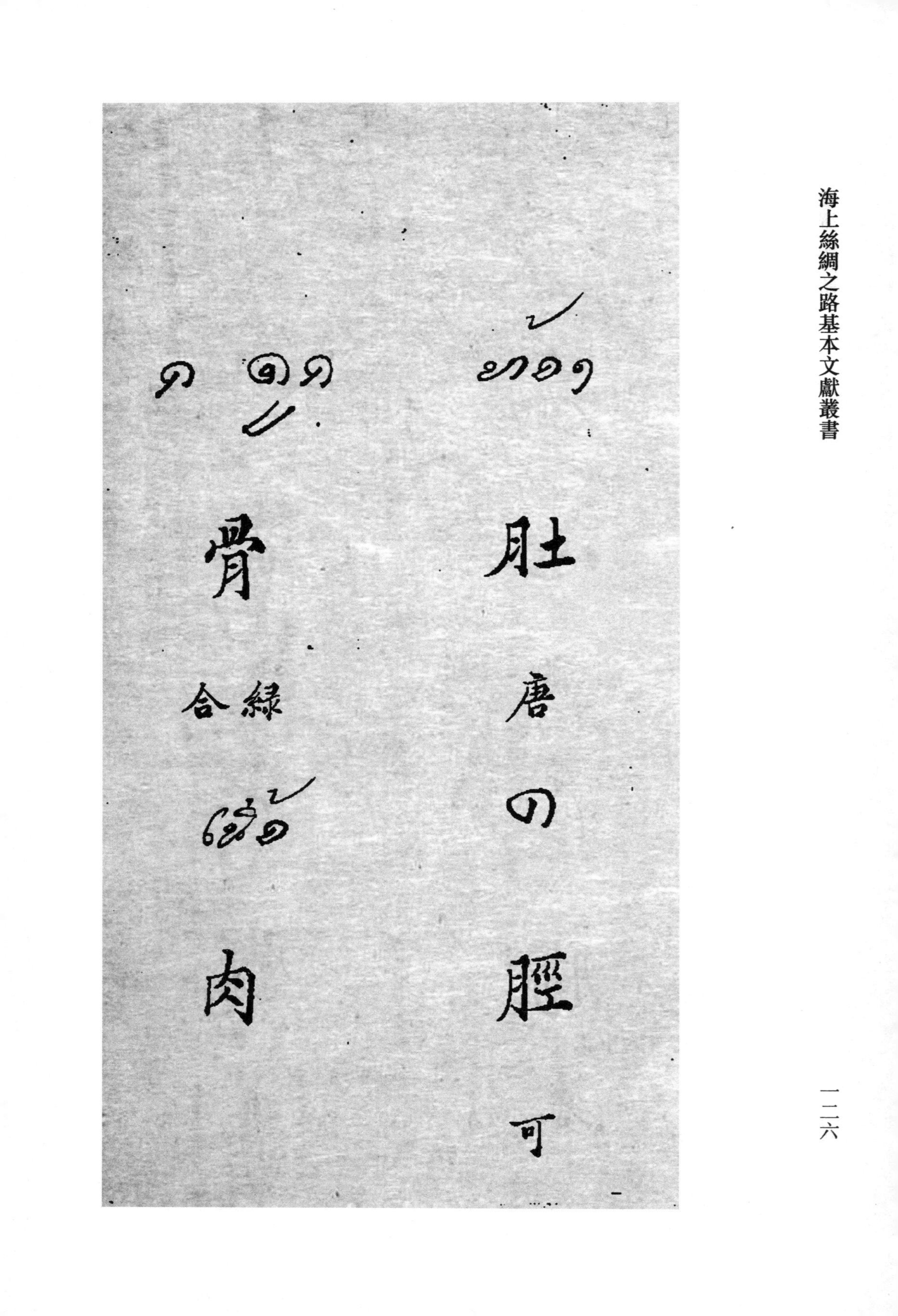

ท้อง
肚
唐

ขา
脛
可

กดูก
骨
緑合

เนื้อ
肉

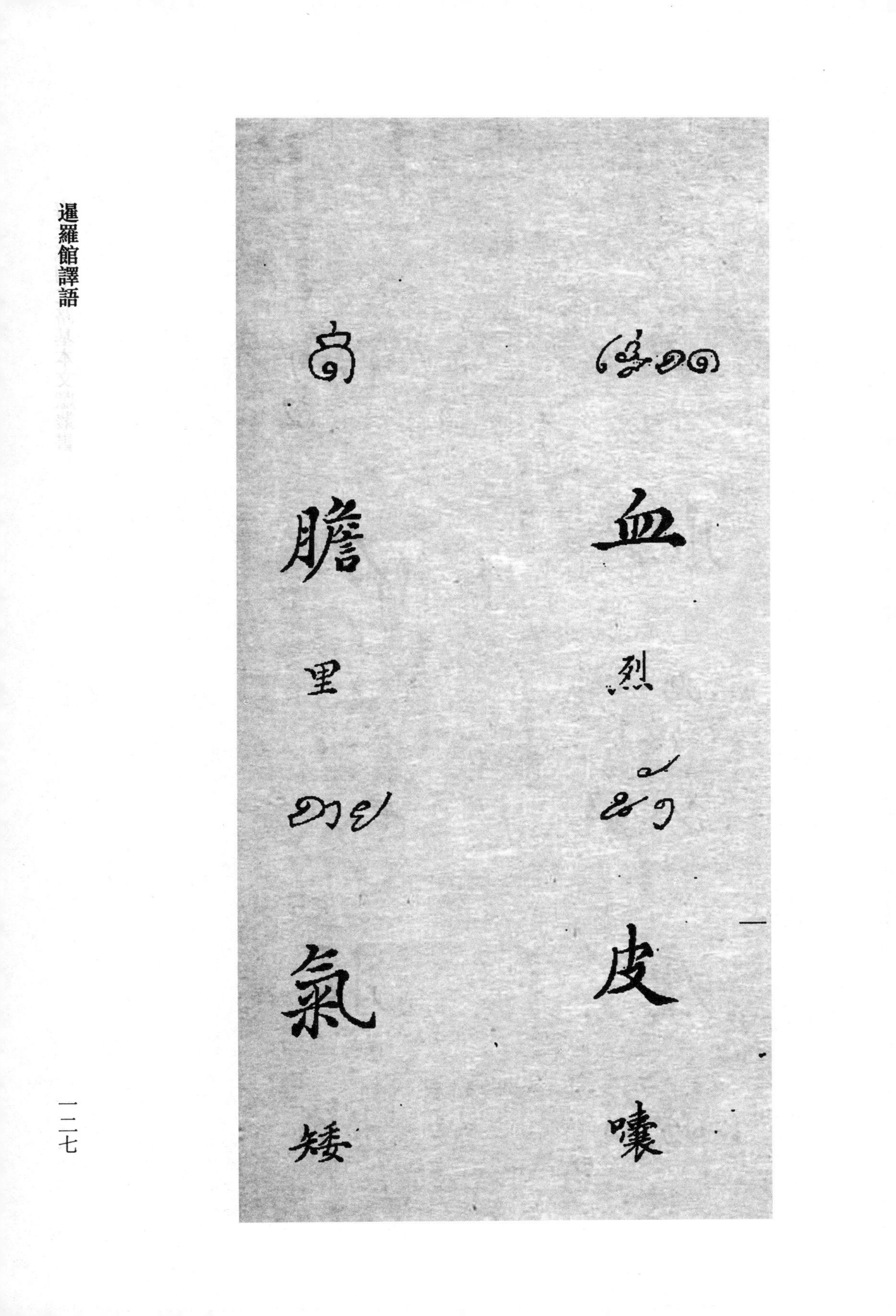

เลือด
血
烈

หนัง
皮
嚷

ดี
膽
里

หาย
氣
矮

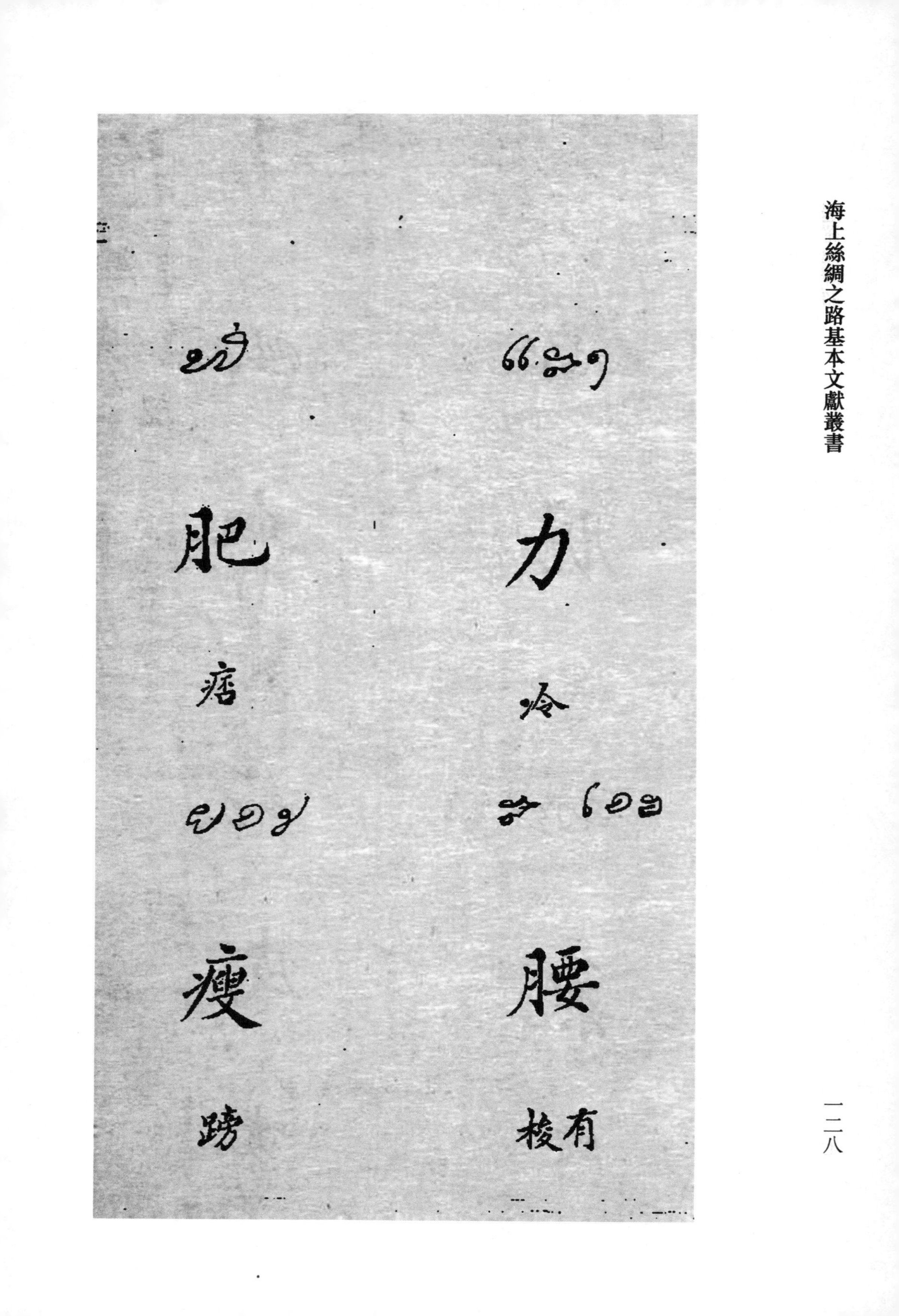

แรง
力
冷

สะเอว
腰
梭有

อ้วน
肥
痦

ผอม
瘦
跨

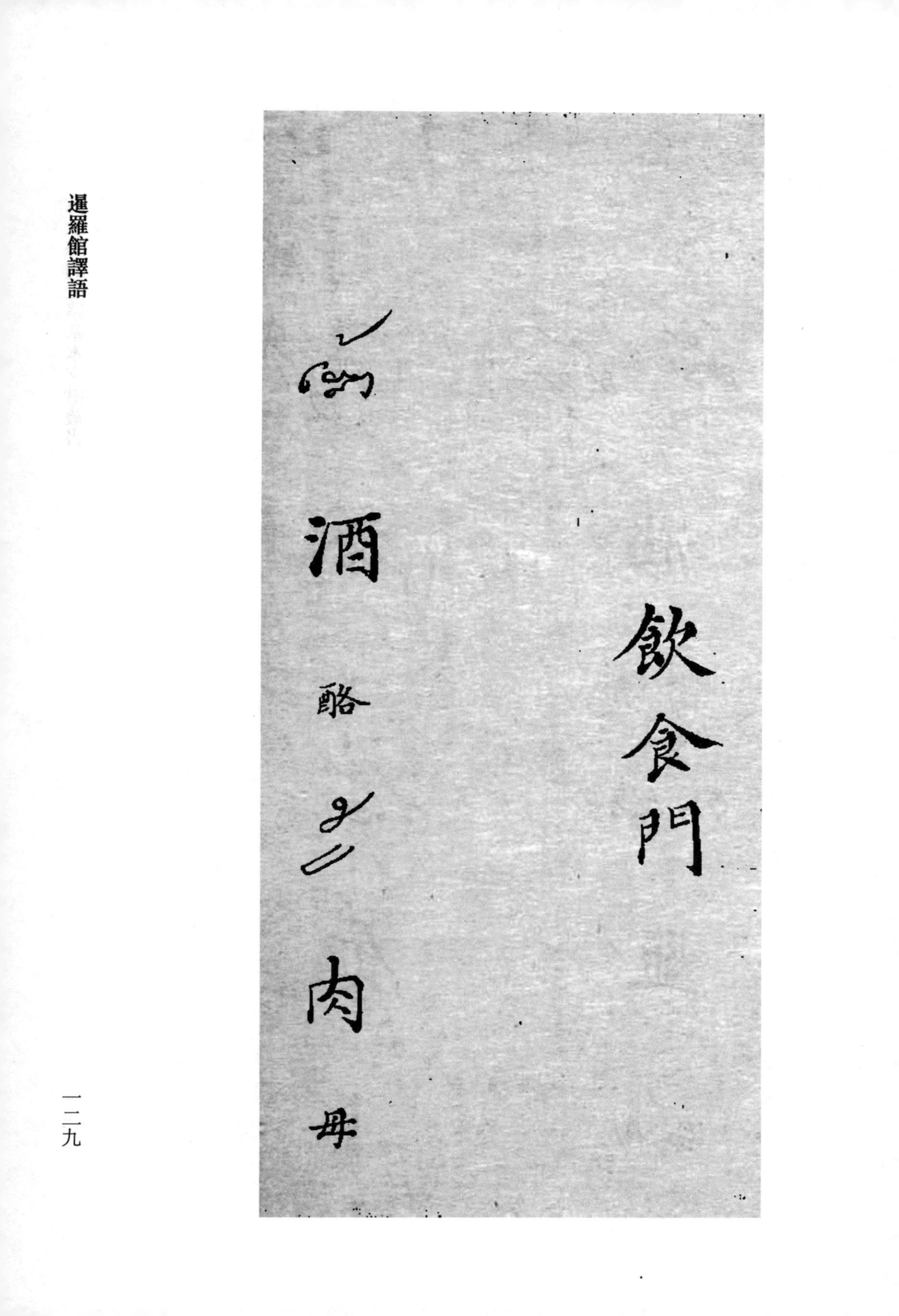

飲食門

酒
酪

肉
毋

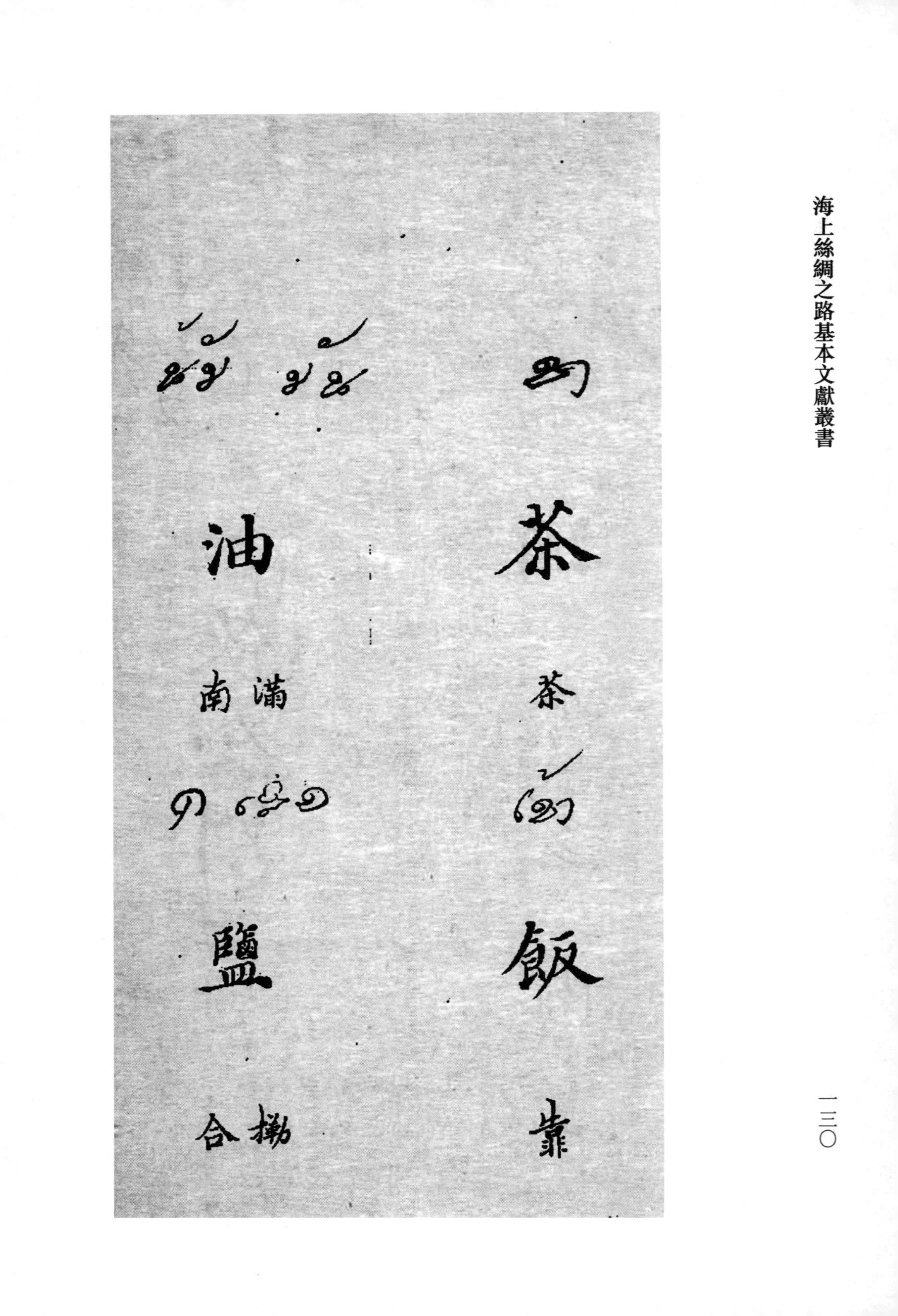

ชา

茶

茶

เข้า

飯

靠

น้ำมัน

油

南滿

เกลือ

鹽

合擱

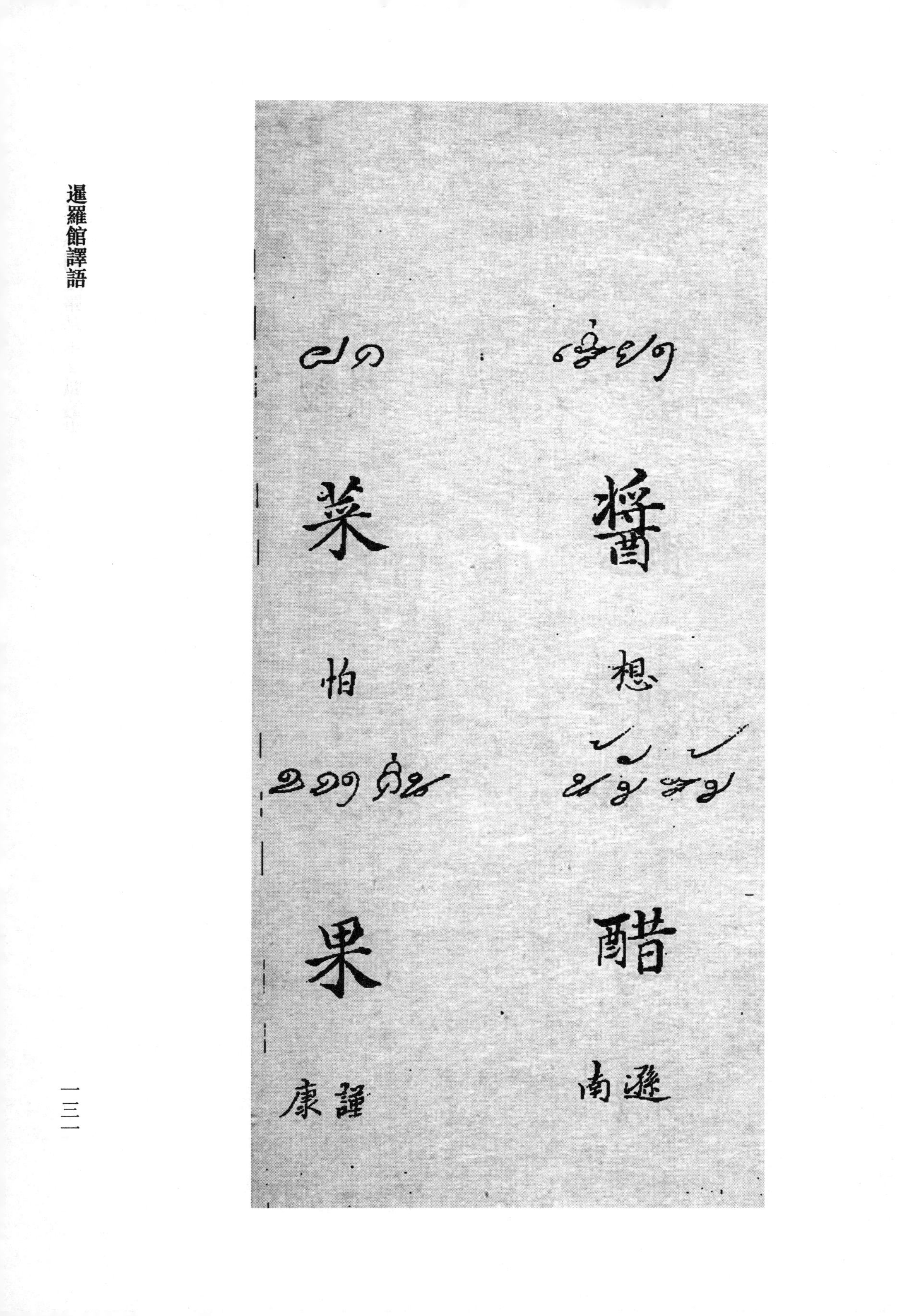

醬

想

น้ำส้ม

醋

南遜

ผก

菜

怕

果

康謹

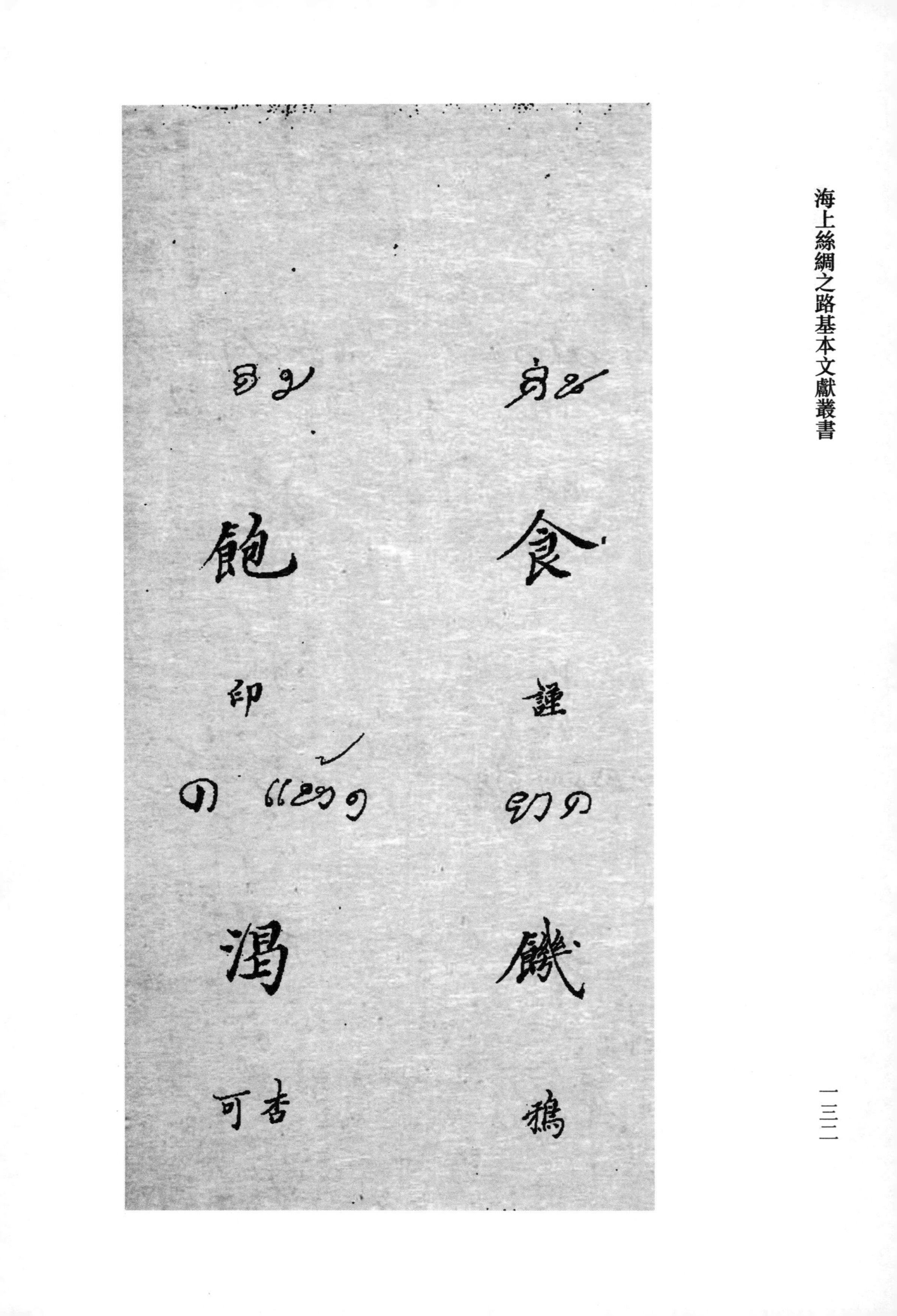

食 謹 饑 鵝

飽 印 渴 可杏

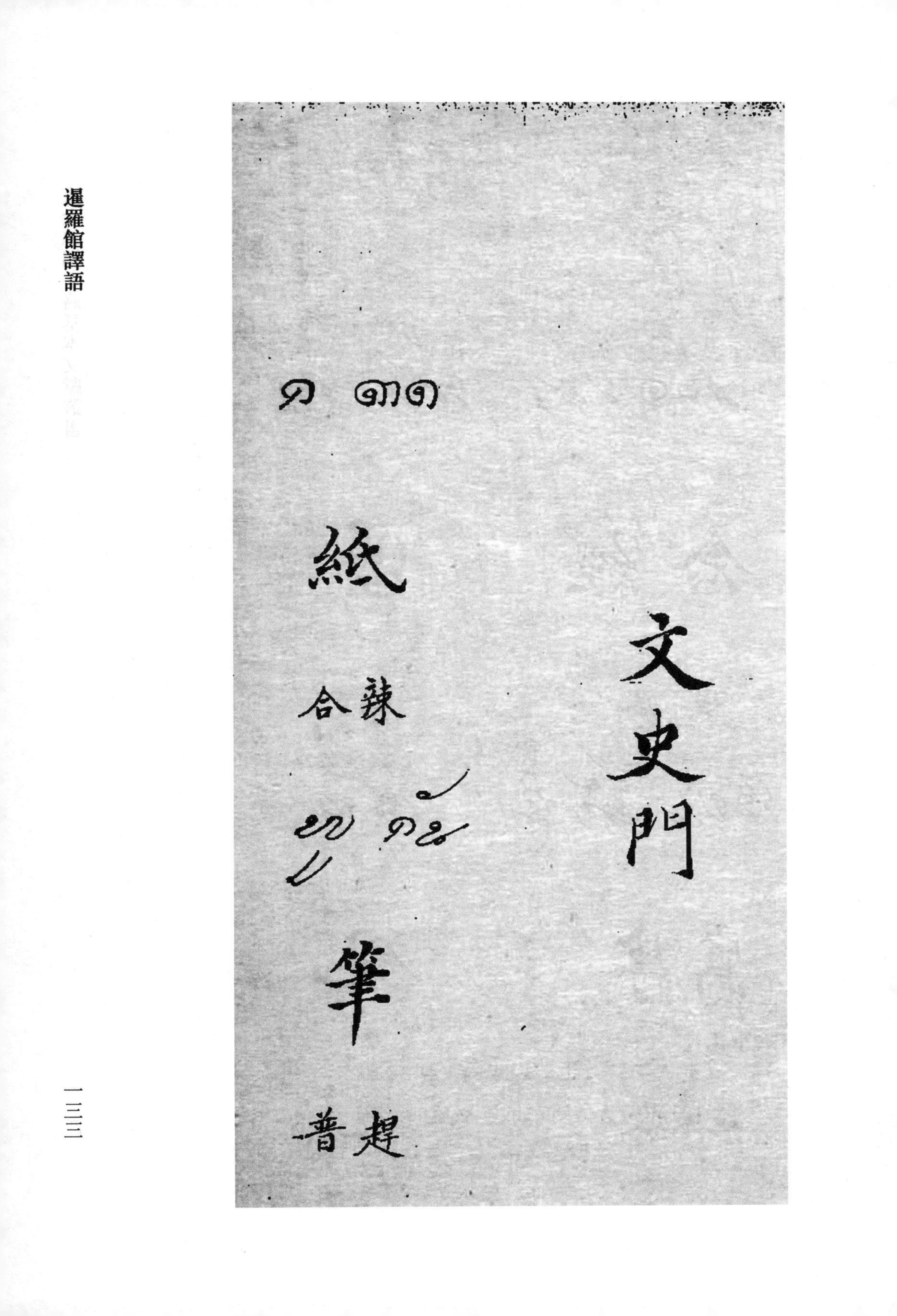

文史門

紙

กดาด

合辣

筆

พู่กัน

普趕

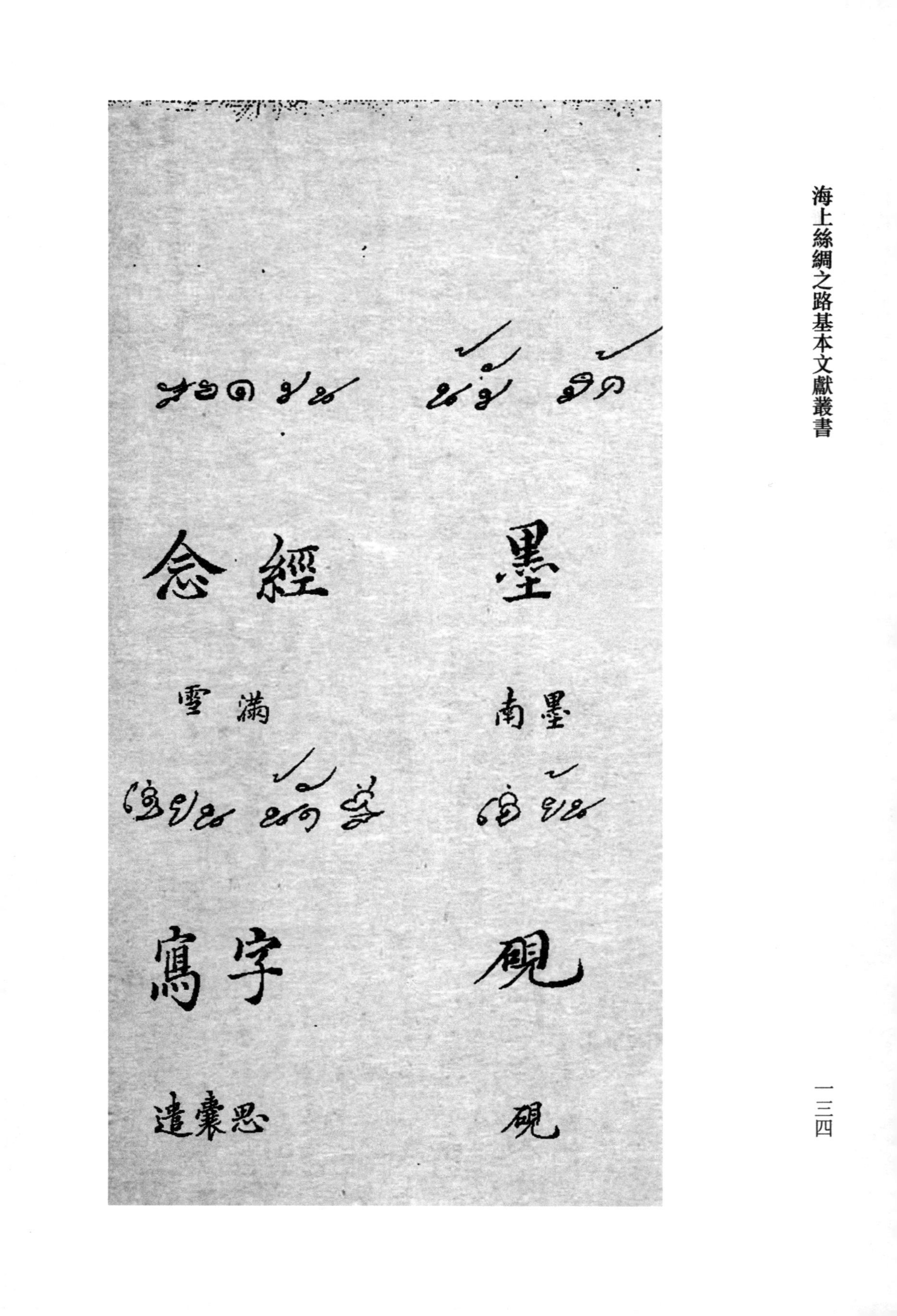

墨

南墨

念經

雪滿

硯

硯

寫字

遣囊思

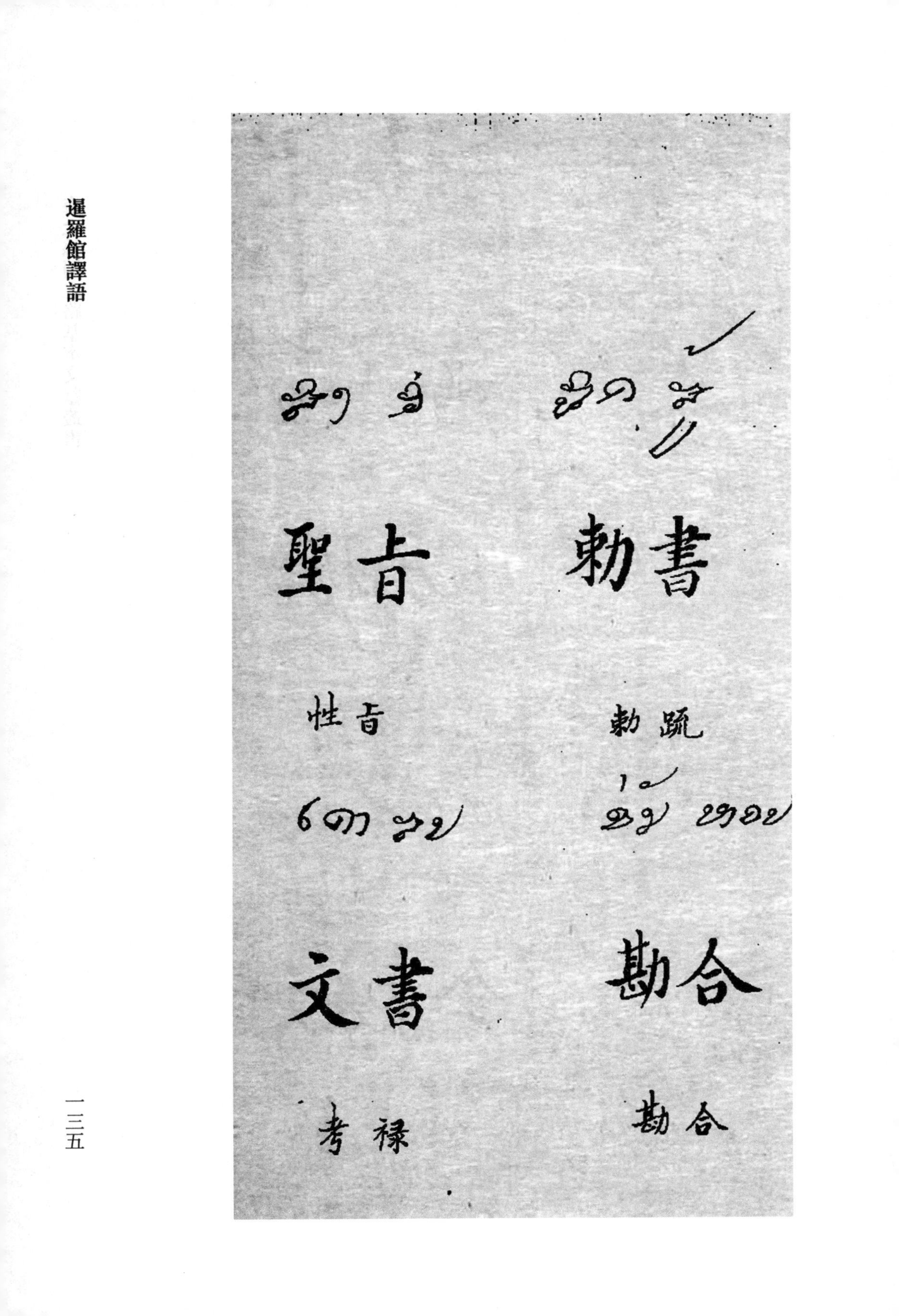

勅書

勅蹺

聖旨

性旨

勘合

勘合

文書

考祿

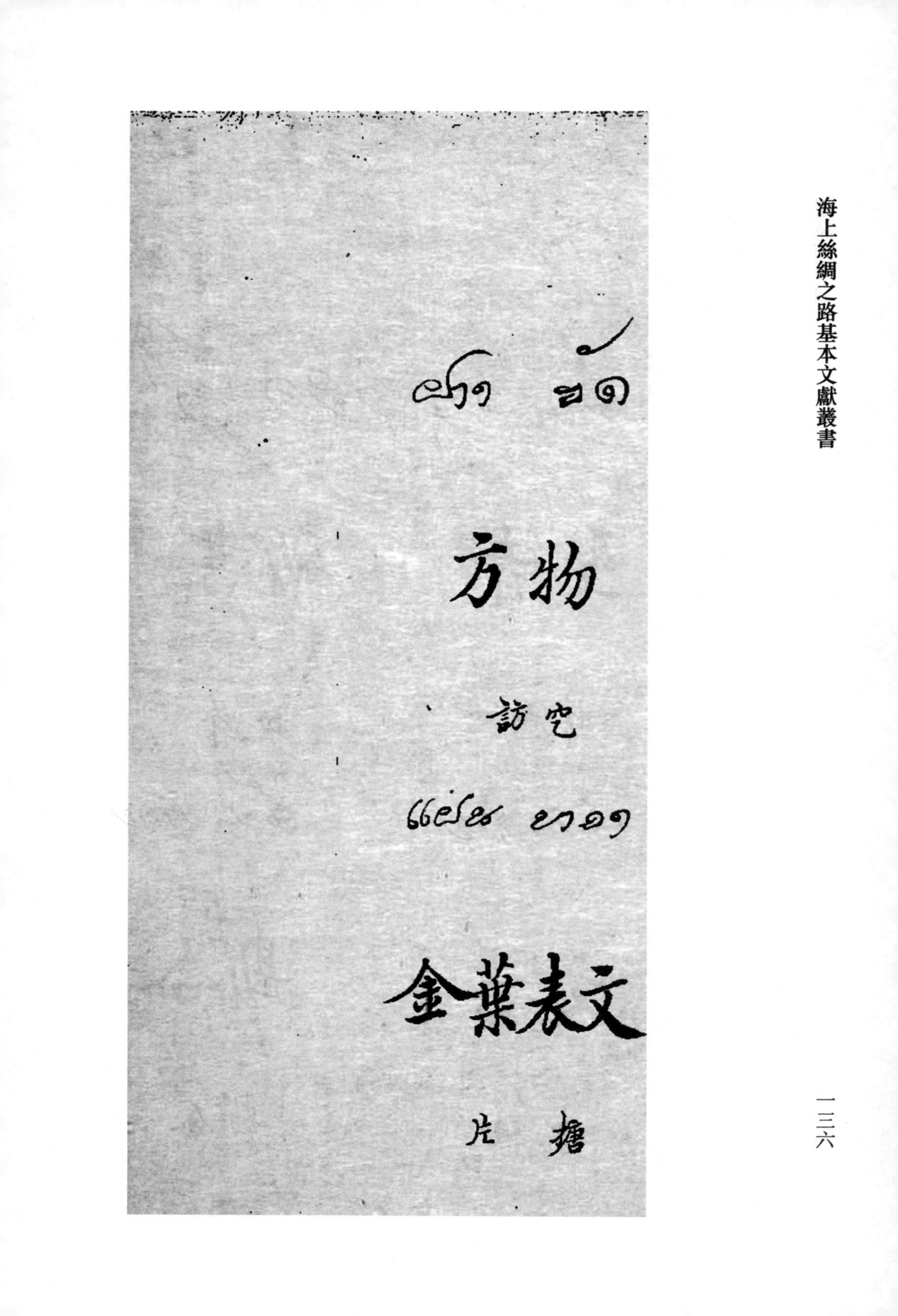

[illegible]

方物

訪究

[illegible]

金葉表文

片 塘

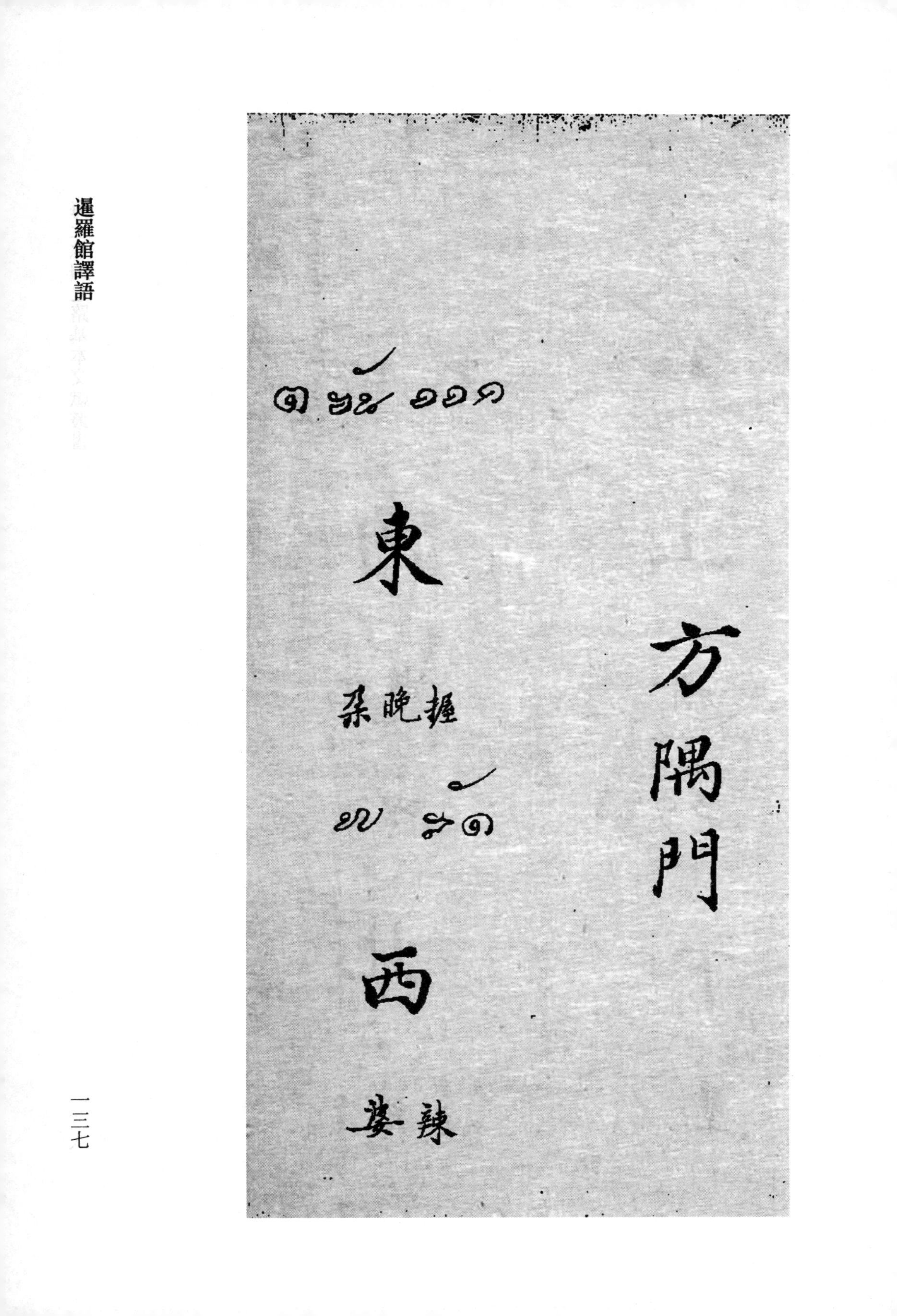

方隅門

ตวันออก

東

擡晚朶

ผ ลัด

西

辣婁

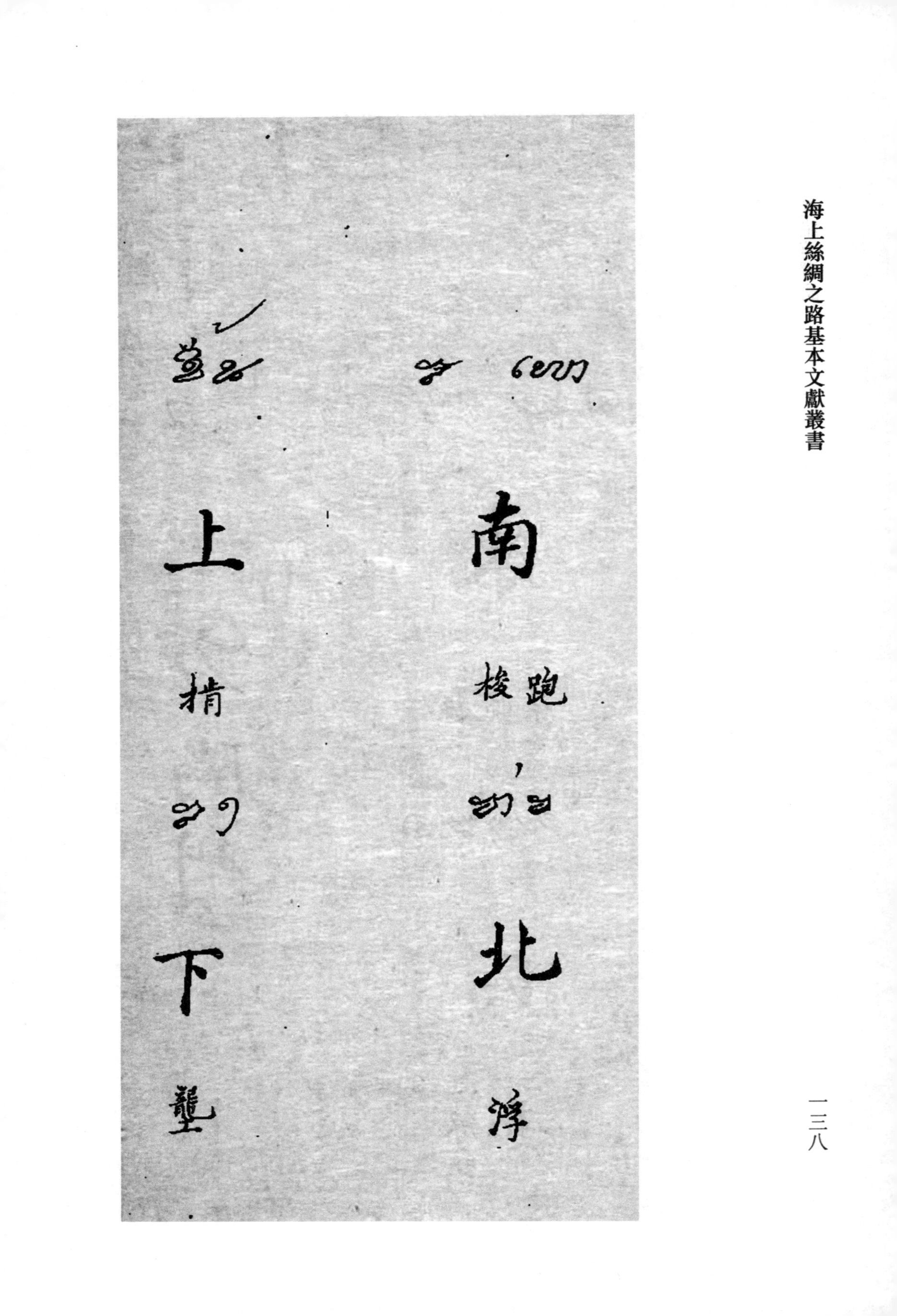

南 跑梭 北 浮

上 揹 下 壟

ข้าง ซ้าย

左

亢嗏

ข้างขวา

右

亢渴倖

ดาน หน้า

前

渾拿

ดาน หลัง

後

渾廊

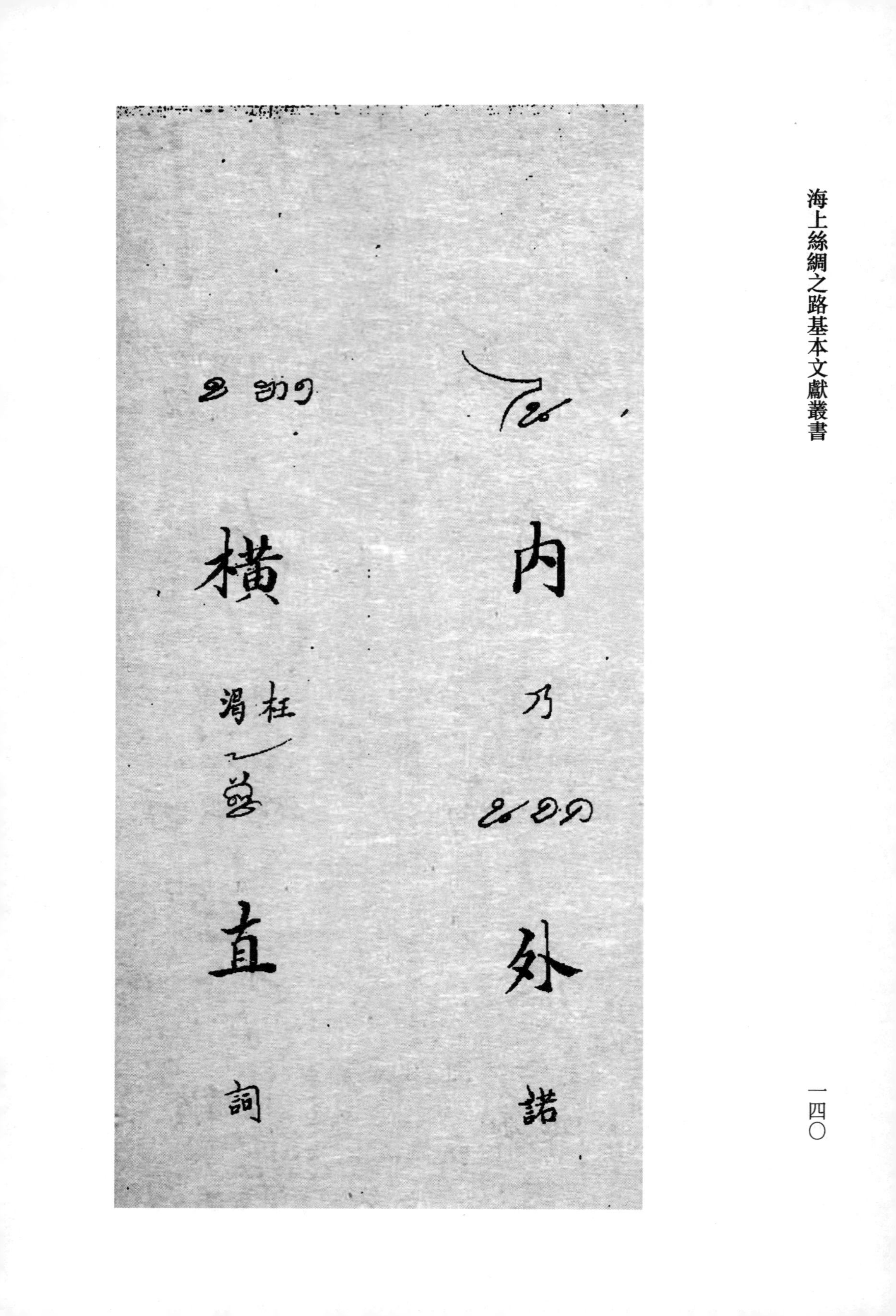

内

乃

外

諸

横

渦枉

直

詞

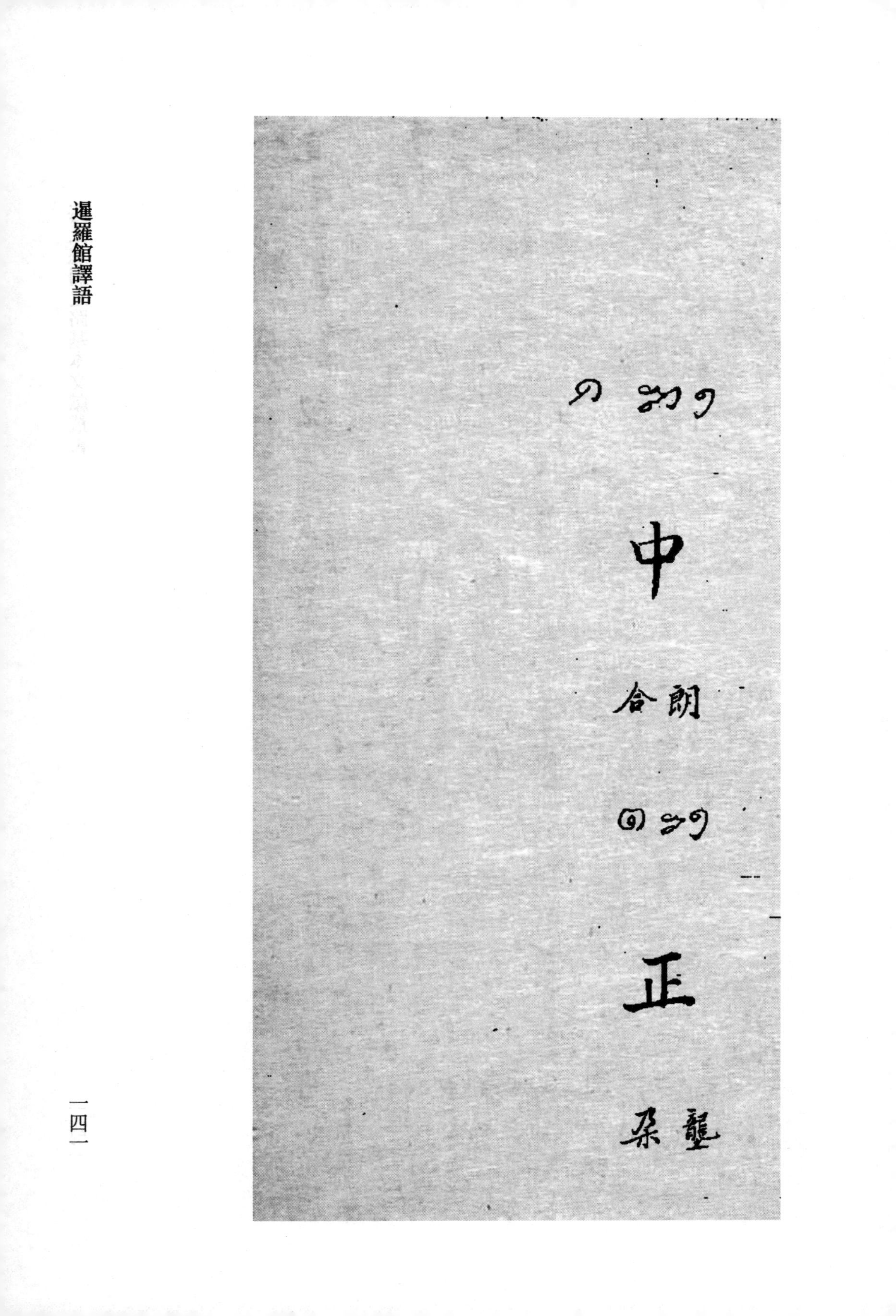

กลาง

中

合朗

ตรง

正

朶龔

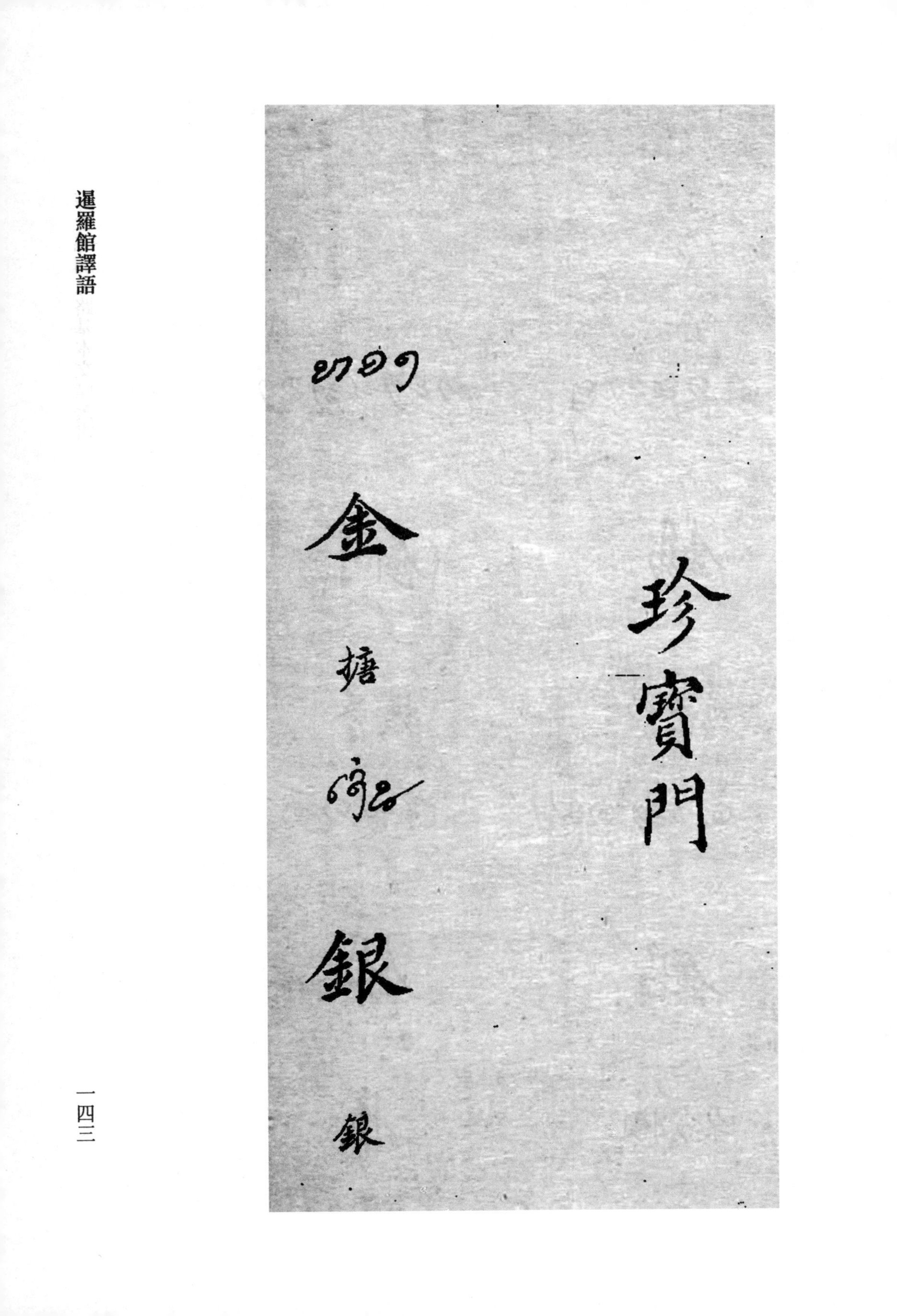

珍寶門

ทอง

金

塘

เงิน

銀

銀

ทองแดง

銅

塘良

เหล็ก

鐵

慄

ตะกั่วขาว

錫

朶戈烤

ตะกั่วดำ

鉛

朶戈懶

นพรัตน์

寶

訥孛辣

ตรา

印

朶剌

งาช้าง

象牙

阿長

นอ

犀角

哪

กระ

玳瑁

合剌

บัดมราค

石榴子

罵沒辣

เขี้ยวแมว

猫兒眼

腆渺

ขาย เพชร

金鋼鑽

火疋

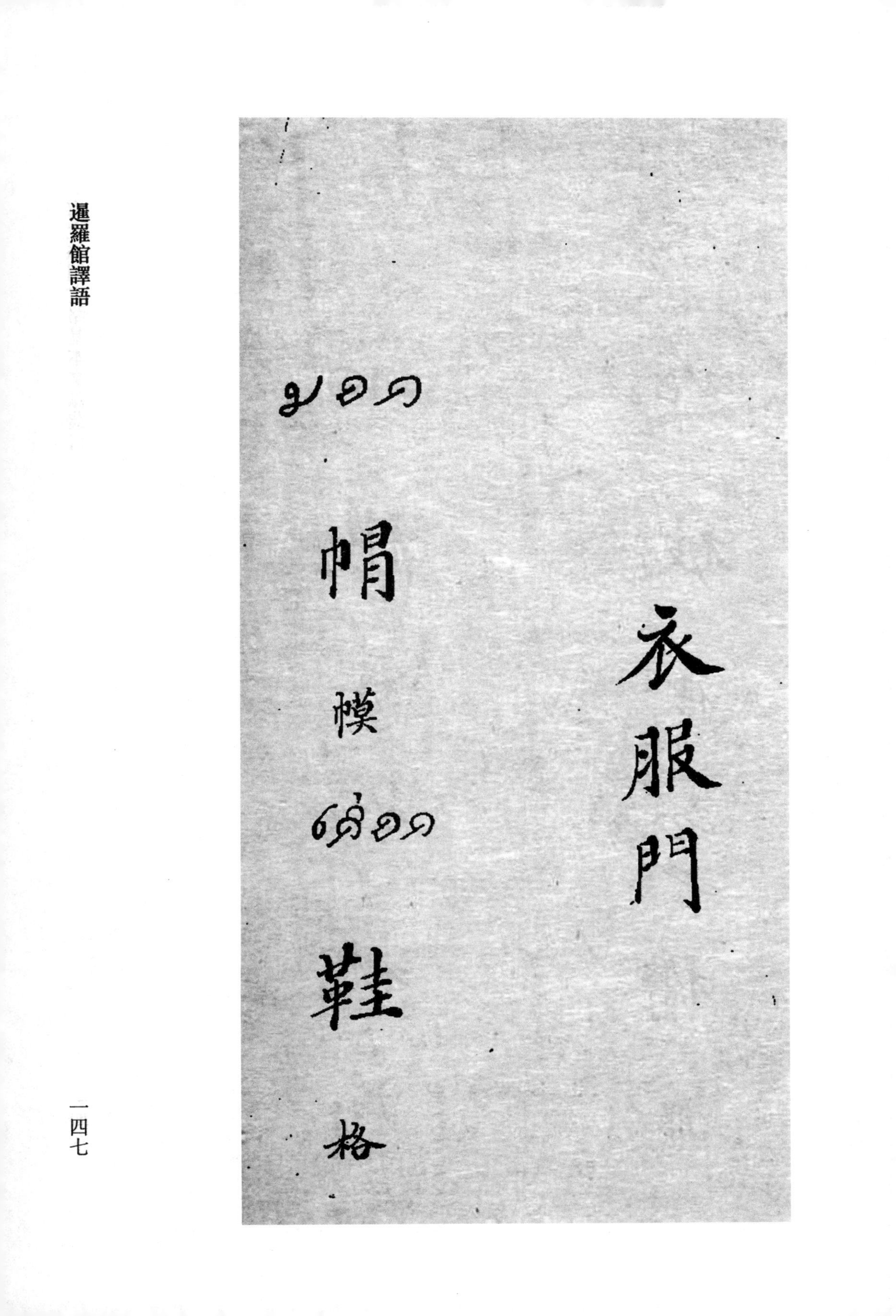

衣服門

มอก

帽

幙

เกือก

鞋

格

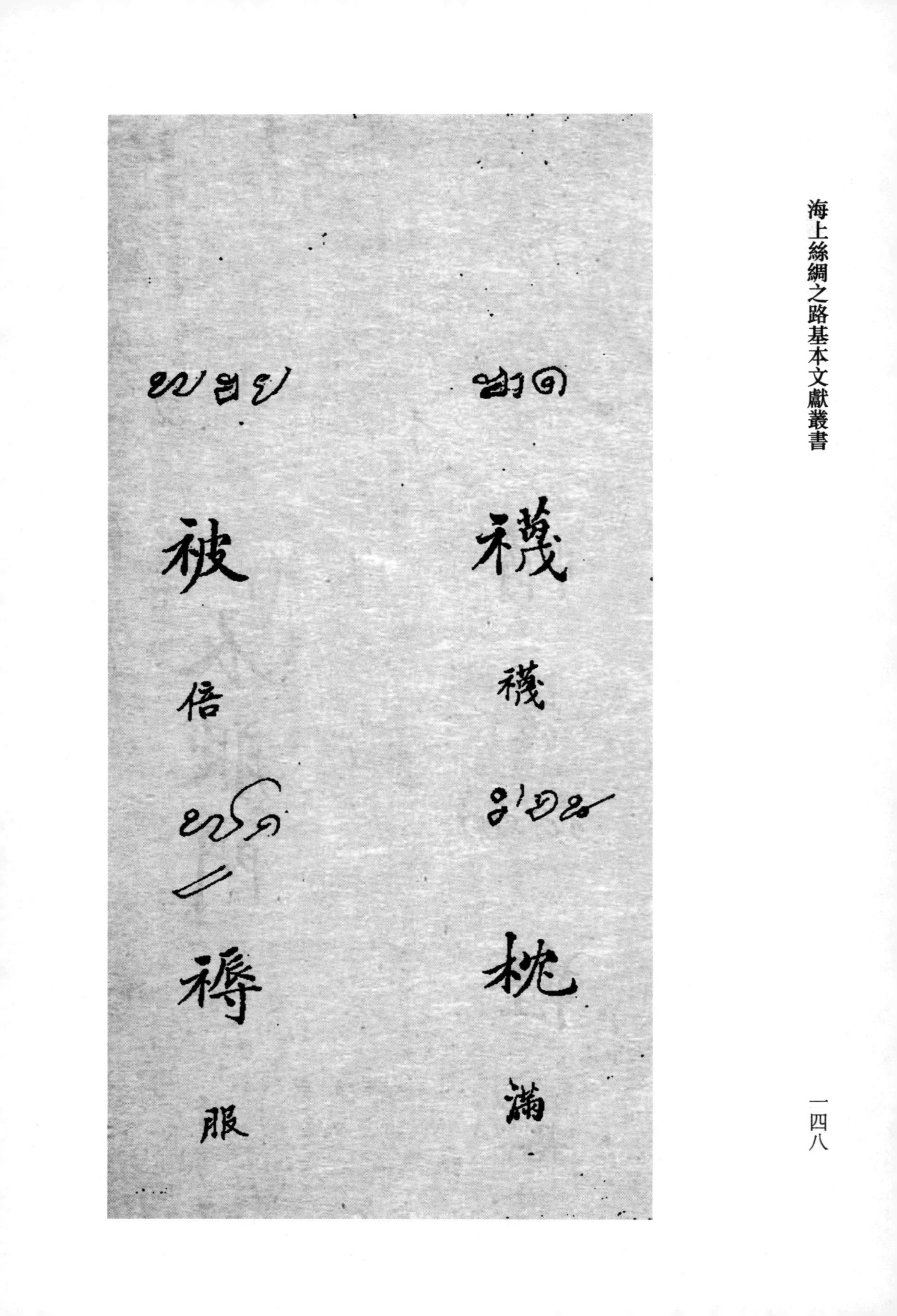

[illegible]

襪

襪

[illegible]

枕

滿

[illegible]

被

倍

[illegible]

褥

服

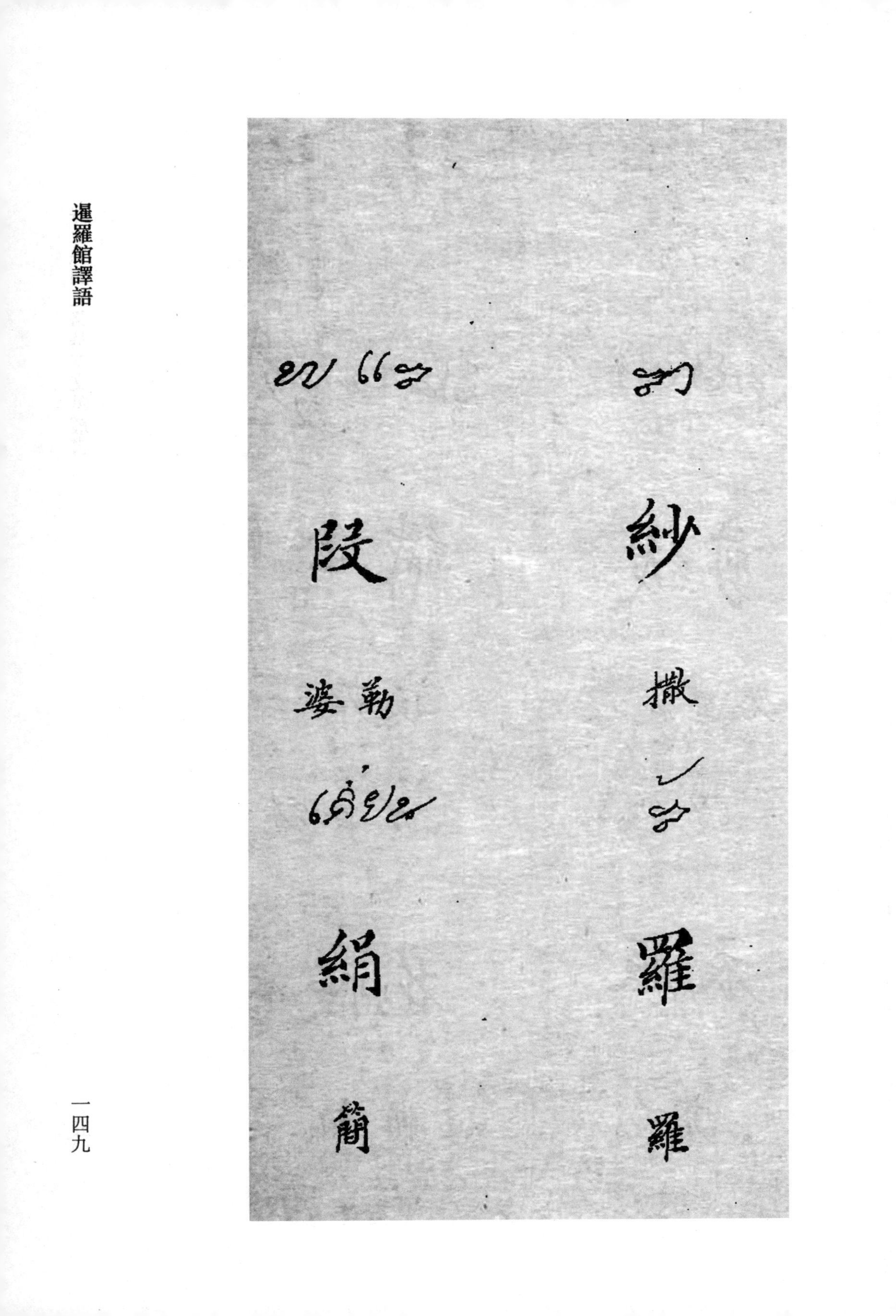

[illegible]
紗
撒
[illegible]
羅
羅

[illegible]
陵
婆勒
[illegible]
絹
簡

ดิ้น ทอง

織金

頂 塘

กดี่ฝ้า

剪絨

合里法

ผ้า ลาย

花幔

帕 賴

เสื้อ

衣服

塞

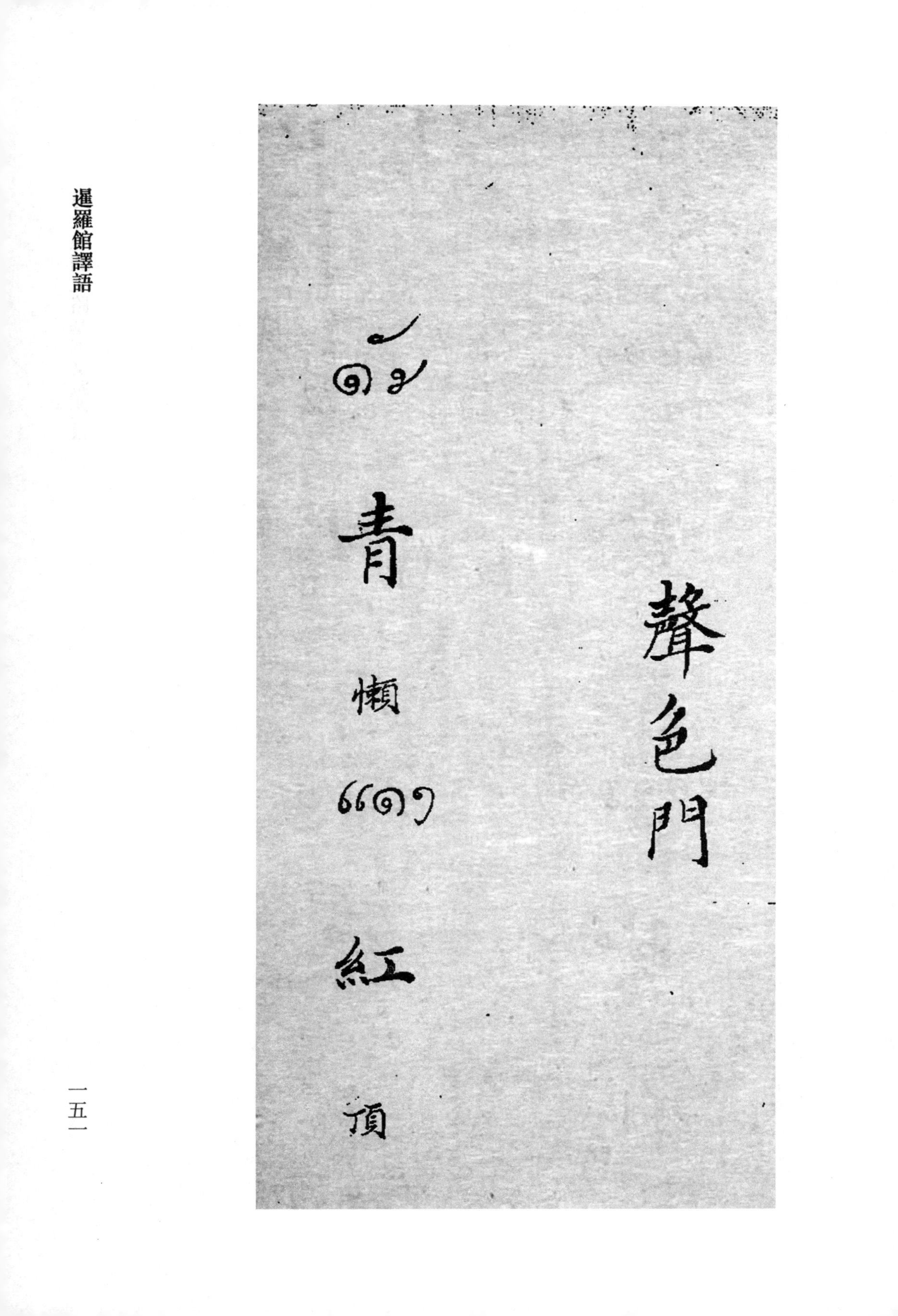

聲色門

ดัว

青

懶

แดง

紅

頂

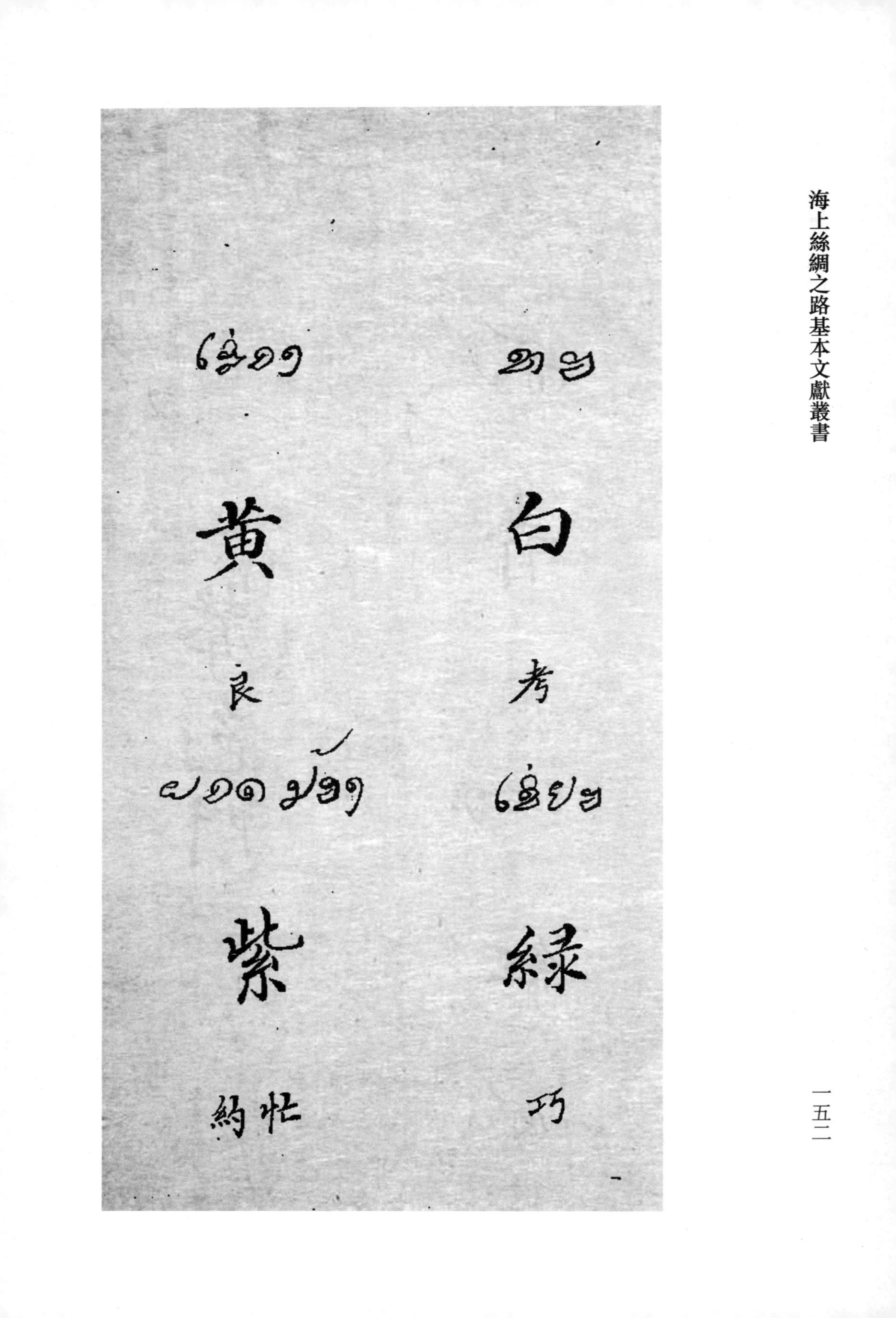

ขาว

白

考

เขียว

綠

巧

เลือง

黃

良

ผวดม่วง

紫

約忙

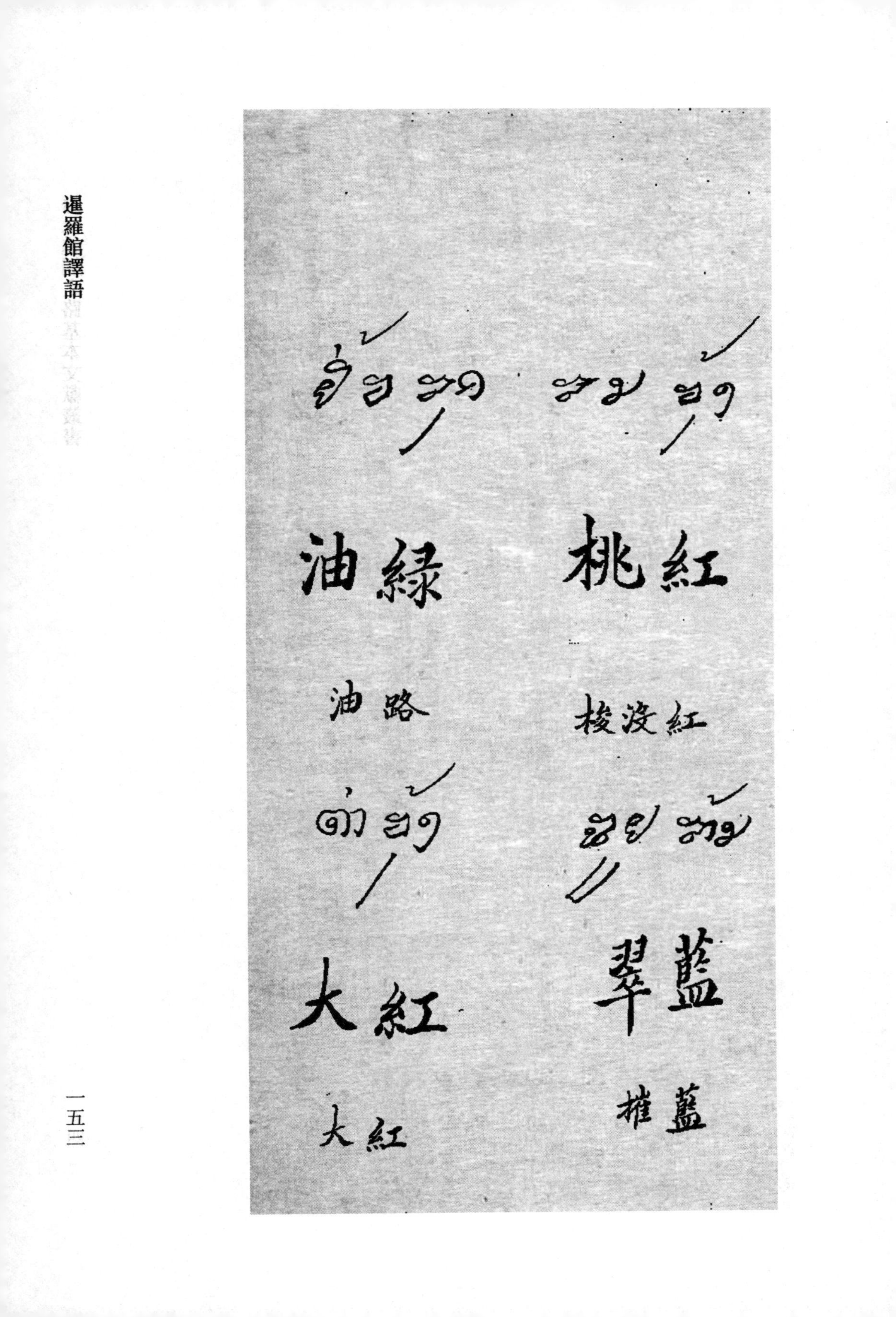

桃紅

梭沒紅

油綠

油路

翠藍

槯藍

大紅

大紅

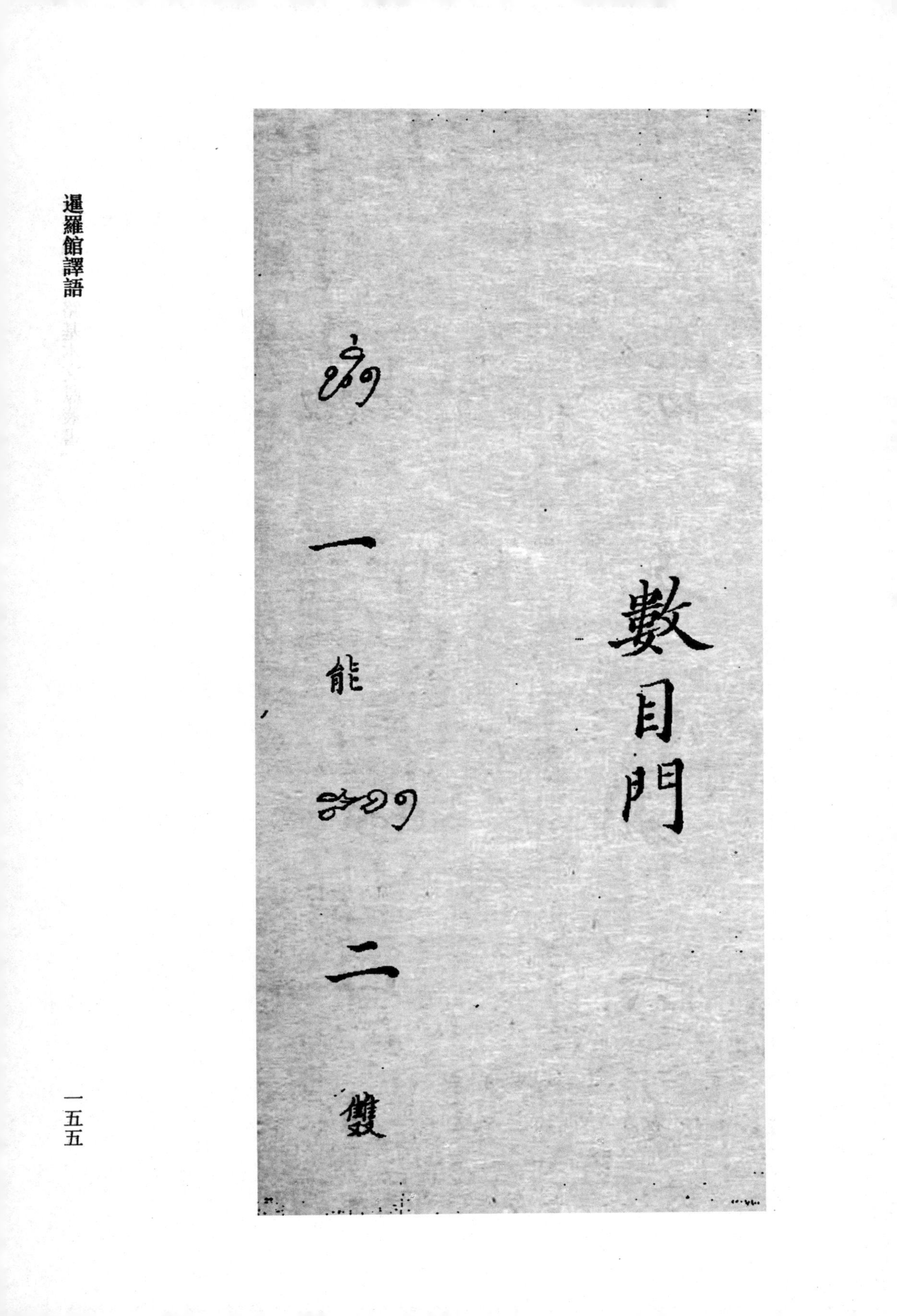

數目門

หนึ่ง
一
能

สอง
二
雙

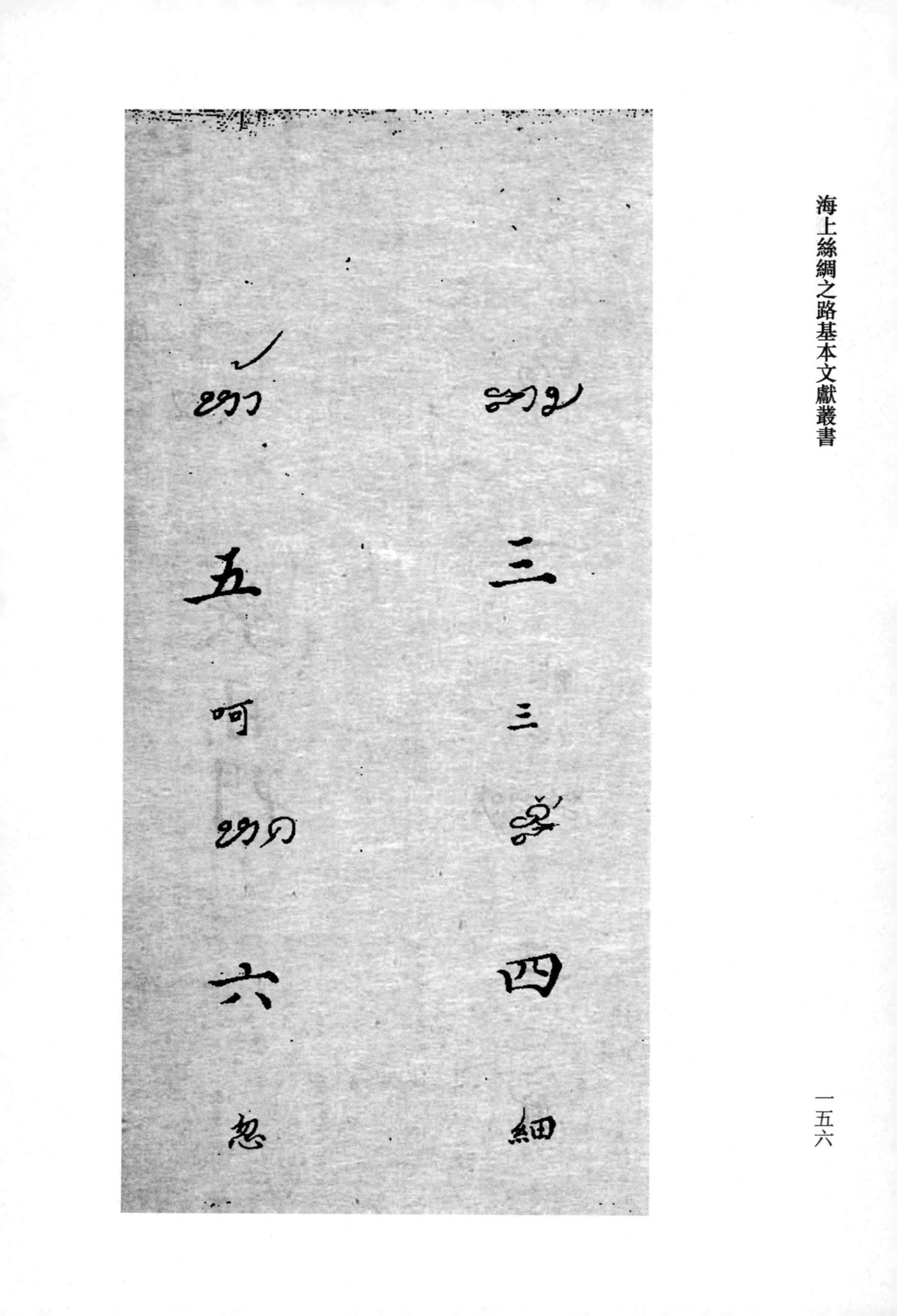

สาม
三
三

สี่
四
細

ห้า
五
呵

หก
六
忽

เจ็ด

七

一折

แปด

八

鱉

เก้า

九

苟

สิบ

十

習

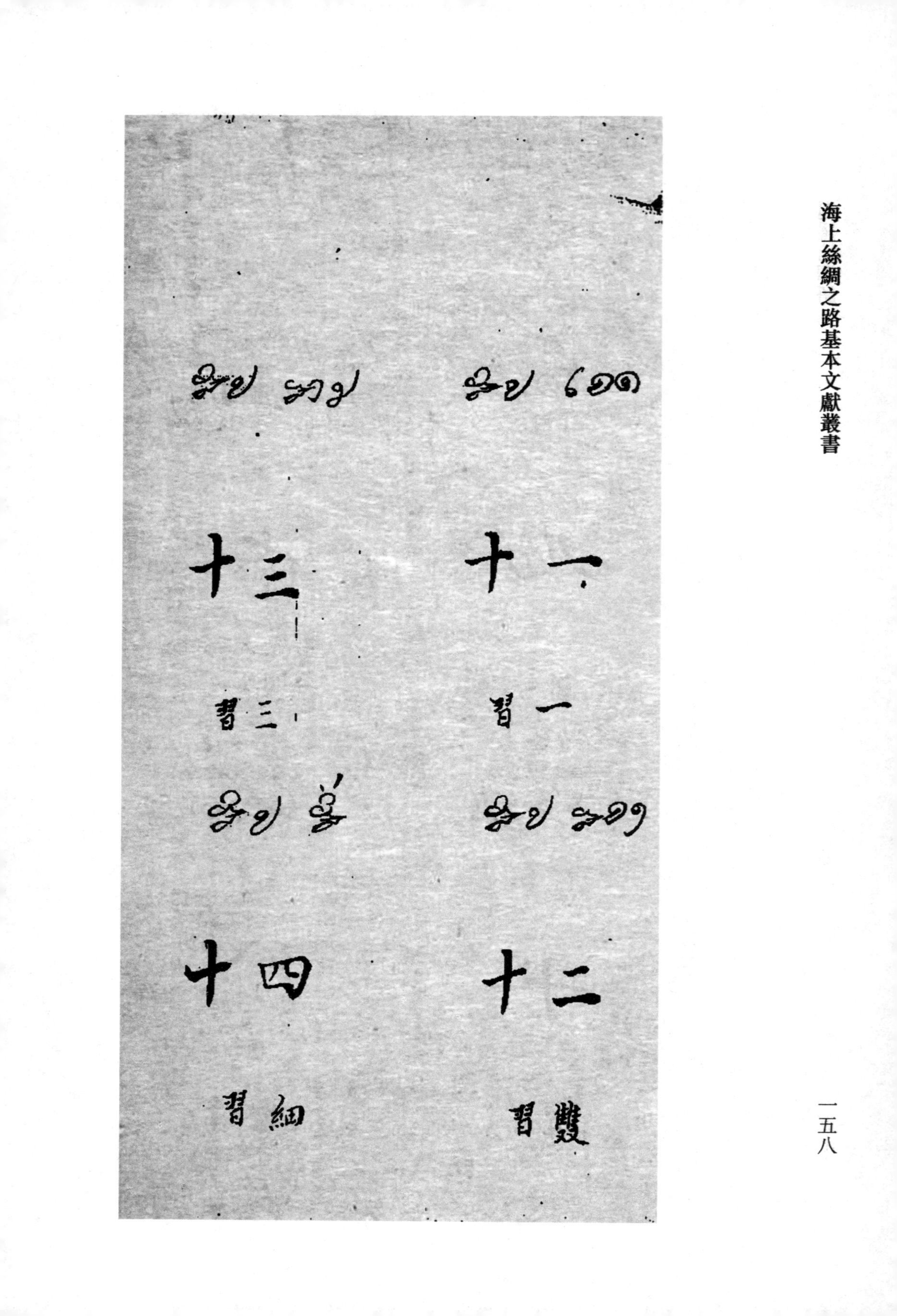

十一

習一

十二

習雙

十三

習三

十四

習細

สิบห้า

十五

習呵

สิบหก

十六

สิบเจ็ด

十七

習折

สิบแปด

十八

習鱉

สิบเก้า

十九

習荀

ยี่สิบ

二十

易習

สามสิบ

三十

三習

สี่สิบ

四十

細習

ห้าสิบ
五十
呵習

เจดสิบ
七十
折習

หกสิบ
六十
忽習

แปดสิบ
八十
鱉習

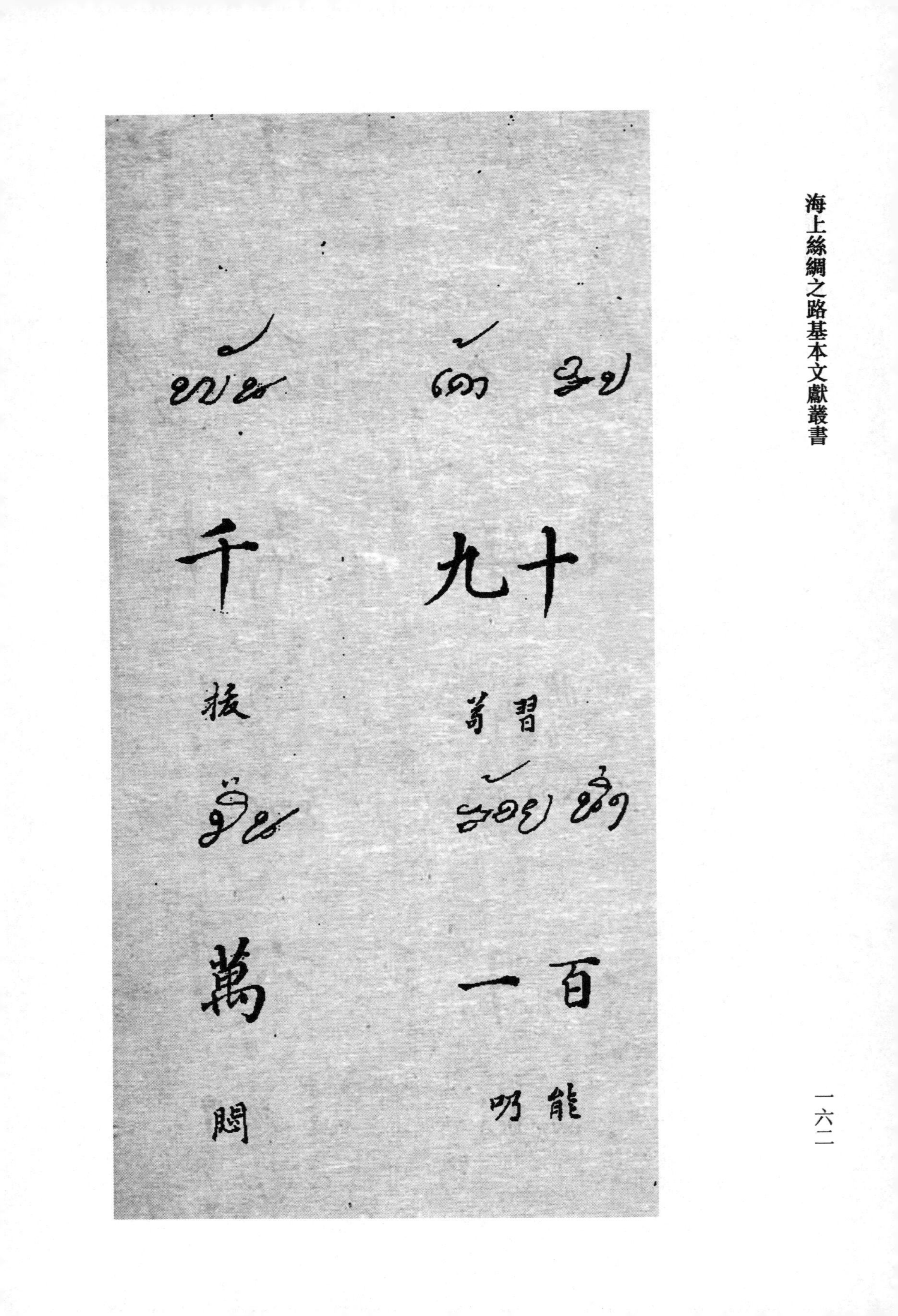

九十　　千

苟習　　拔

一百　　萬

能明　　悶

ชั่ง 斤 常

ตำลึง 兩 擔冷

สลึง 錢 梭冷

เฟื้อง 分 分

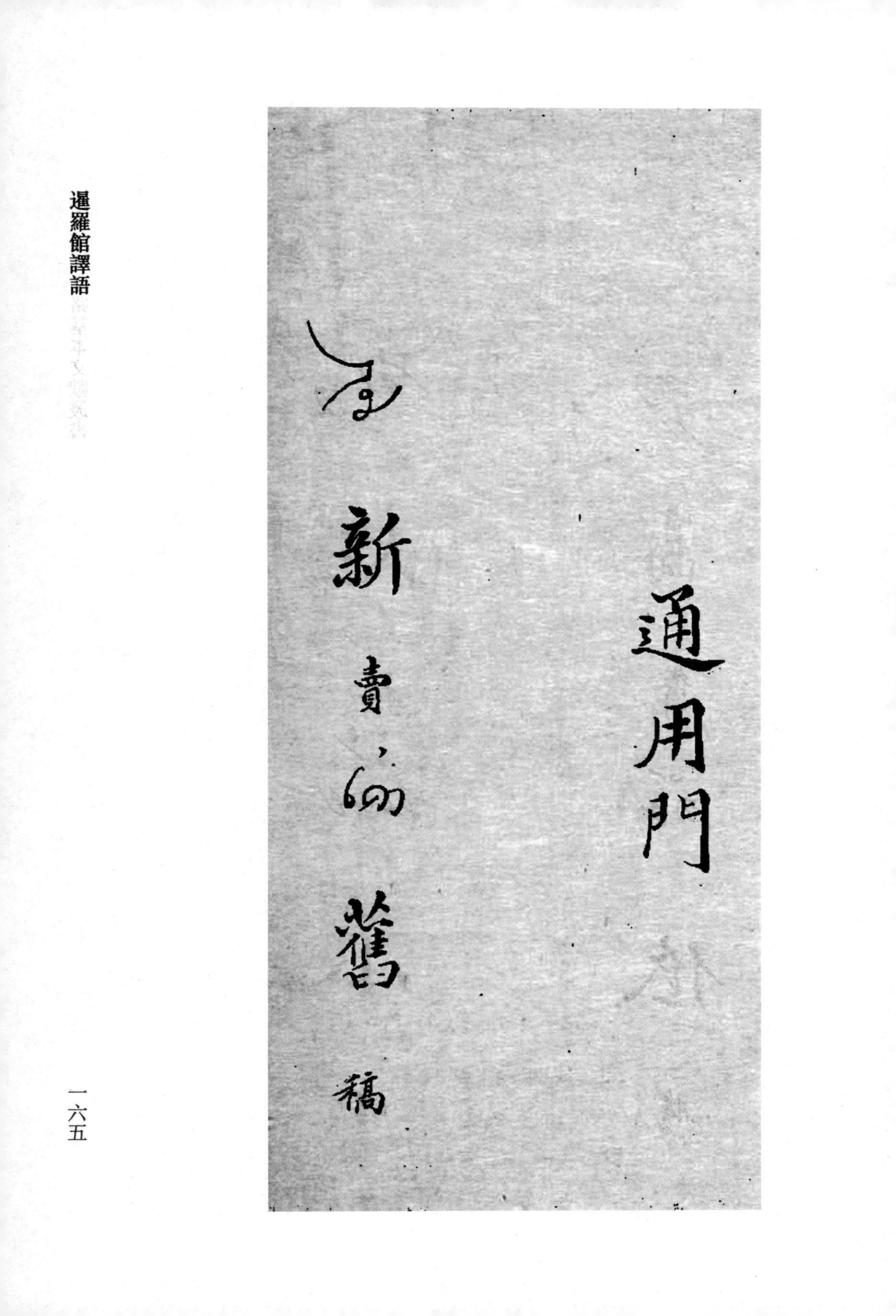

通用門

新賣舊稿

ใหญ่

大 挼

น้อย

小 呖

สูง

高 聳

ต่ำ

低 膯

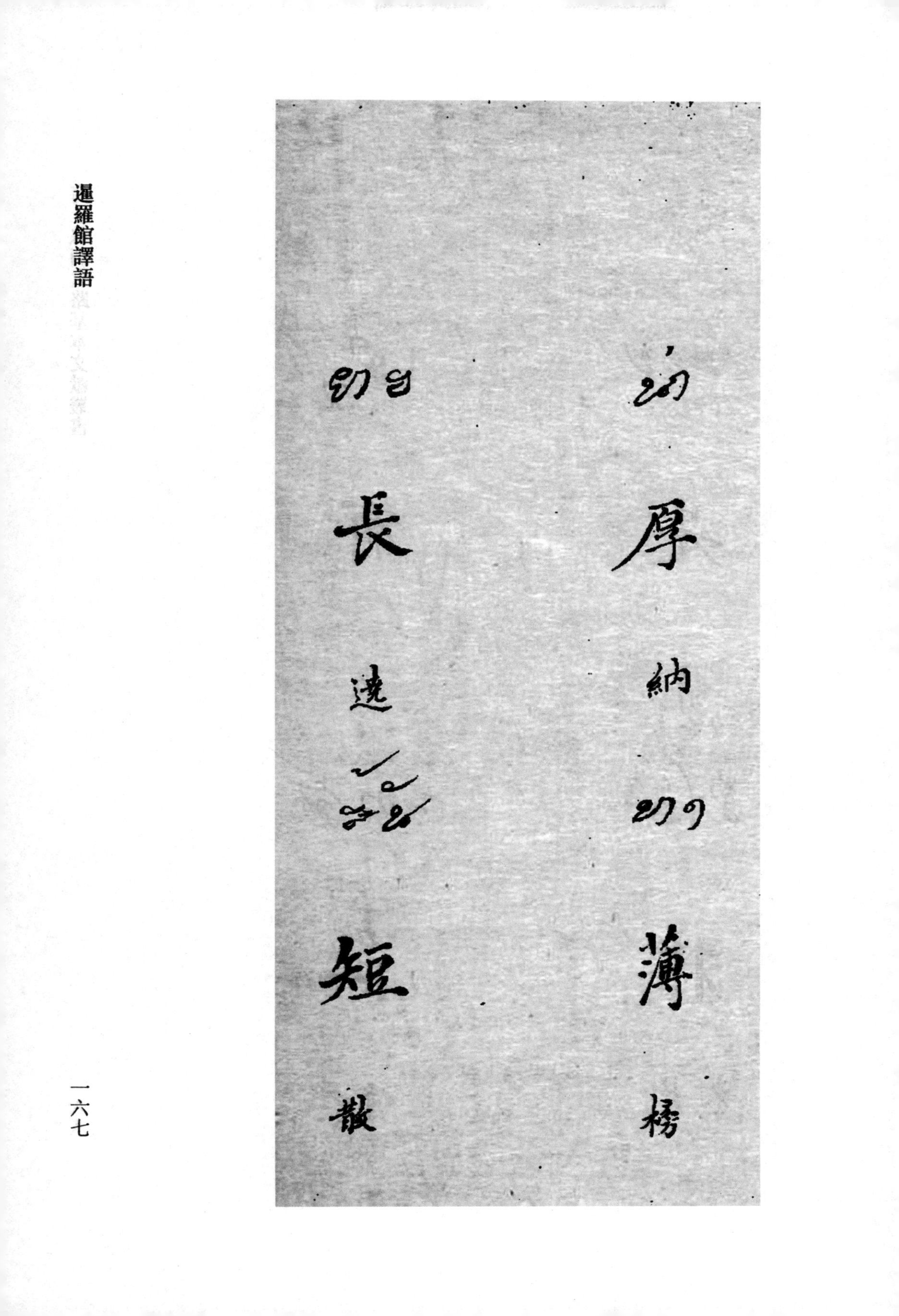

หนา
厚
納

บาง
薄
榜

ยาว
長
遶

สั้น
短
撒

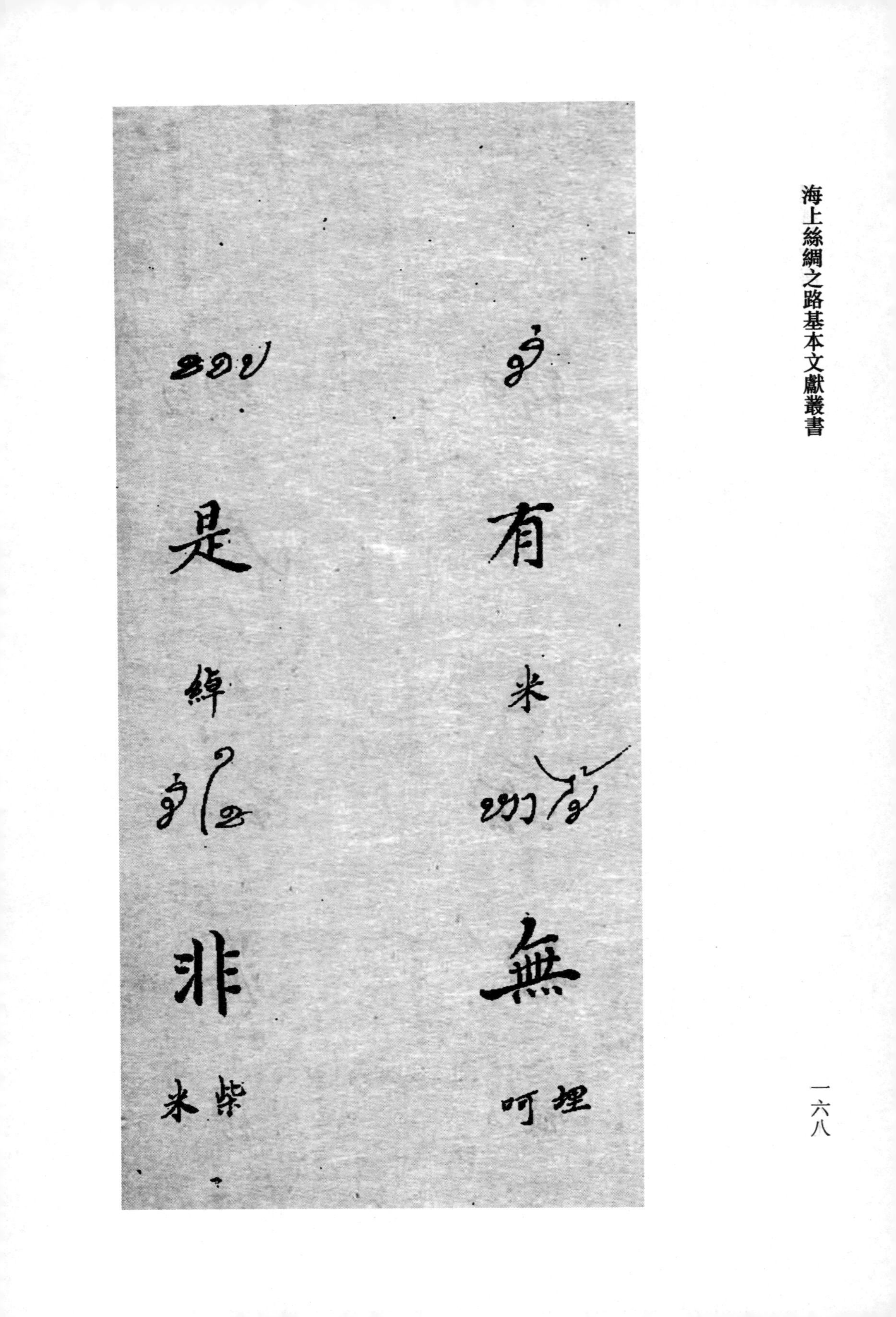

มี
有
米

無
埋呵

ชอบ
是
綽

非
紫米

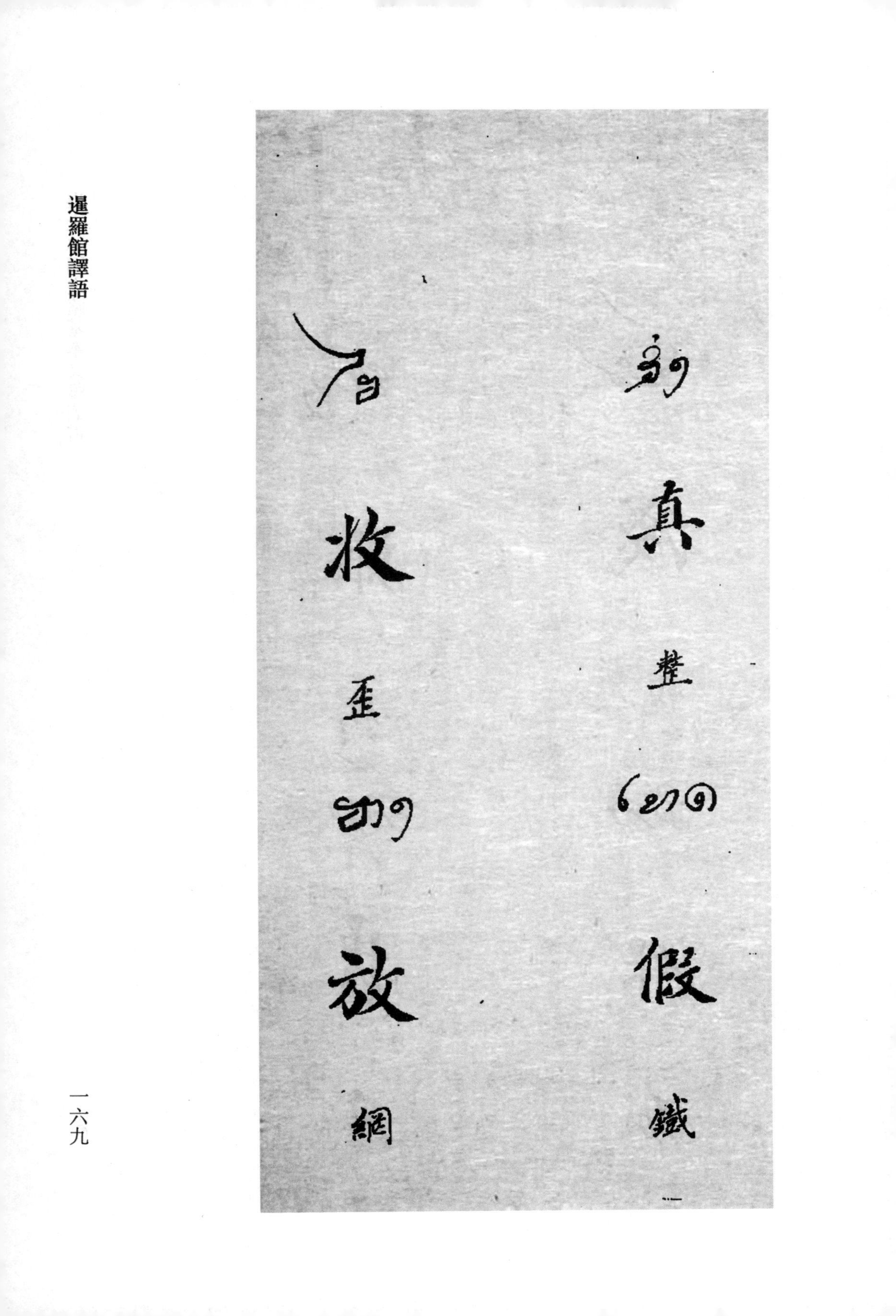

จริง
真
整

เท็จ
假
鐵

ไว้
收
歪

วาง
放
網

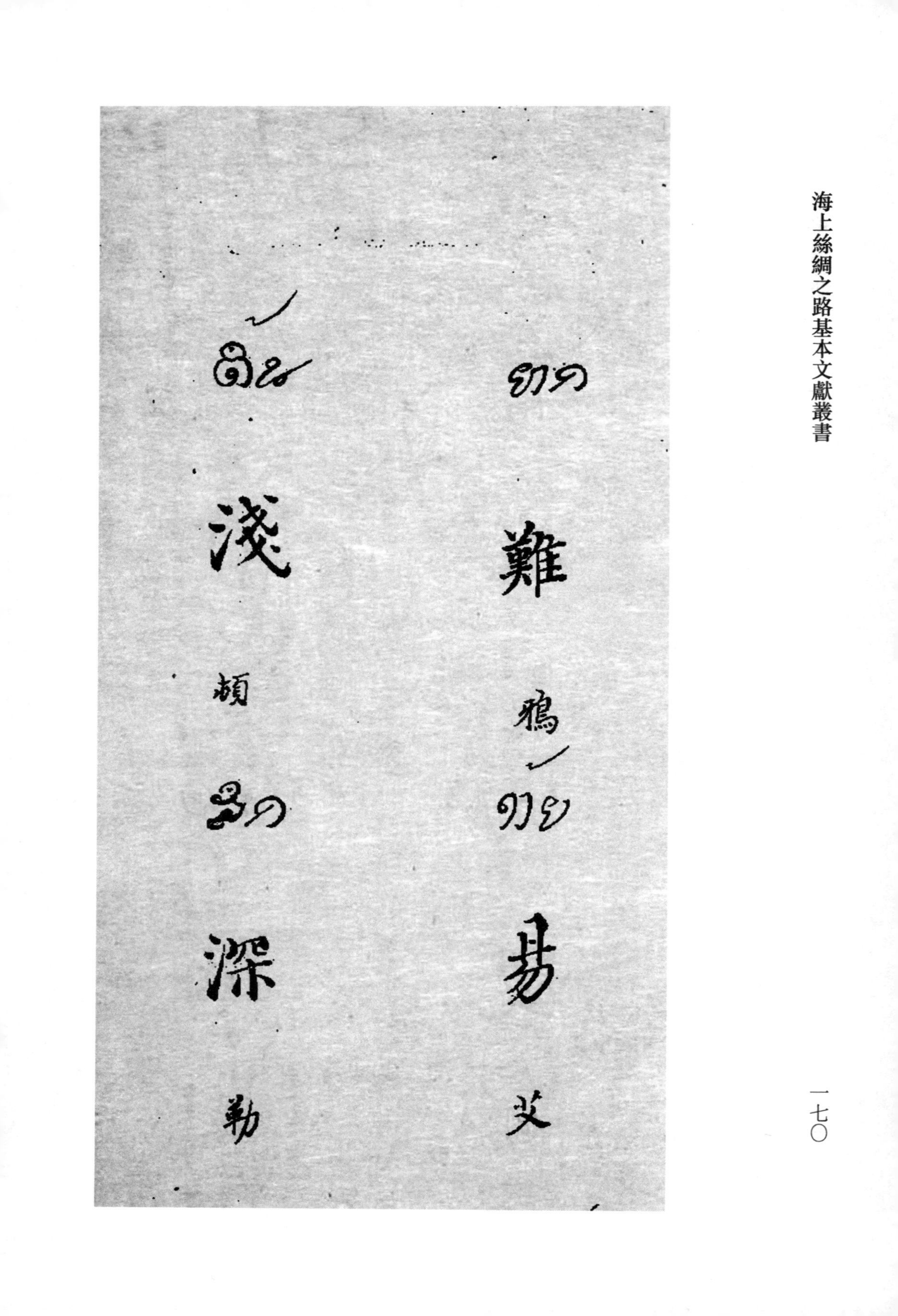

ยาก 難 鴉

ง่าย 易 艾

ตื้น 淺 顛

ลึก 深 勒

多

罵

少

哈

了

了

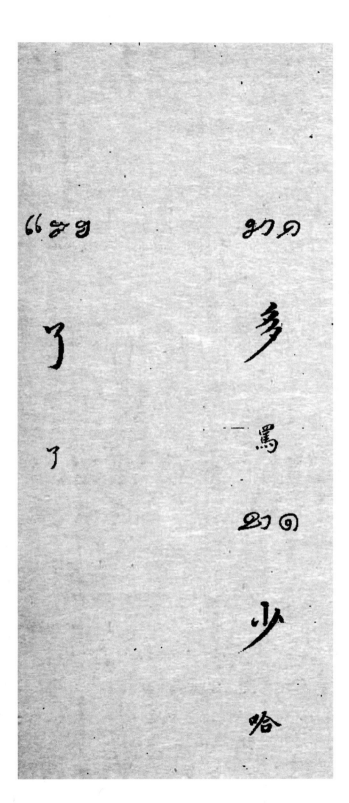

八館館考

八館館考

一卷

〔清〕佚名 編

清初同文堂刻本

八館館考

回回館

回回在西域地與天方國隣其先即默德那國王謨罕驀德生而神靈臣服西域諸國諸國尊為别諳援爾華言天使也國中有佛經三十藏凢三千六百餘卷書兼篆草楷各種不一隋開皇中國人撒哈八撒阿的斡葛思始傳其教入中國宣德中國王遣人随天方國朝貢由肅州入至今或三年或五年或十餘年一貢不等其地有城池宮室

田園市肆大類江淮閒寒暑應候民物衆多亦有陰陽星
曆醫藥音樂諸技藝人俗重殺非同類殺不食不食豕肉
土産玉石珊瑚猫睛祖母緑羚羊角大馬駱駝獅子犎牛
梭甫撒剌西洋布絨褐其織文雕鏤器皿最精巧人物亦
極其清奇其附近諸國如土魯番天方國撒馬兒罕雖隷
在回回地面本館無從審譯

西番館

西番即土番也其先本羌屬凡百餘種散處河湟洮岷間

元世祖始郡縣其地以土番僧八思巴為大寶法王帝師

領之嗣世弟子有號司空司徒國公佩金玉印者明洪武

六年令諸酋舉官授職以攝帝師喃加巴藏卜為熾盛佛

寶國師元國公南哥思丹八亦監藏等為都指揮同知宣

慰元帥招討等官自是番僧有封灌頂國師及贊善王闡

化王正覺大乘法王如來大寶法王者俱賜印誥令比歲

或聞歲朝貢今其地為都指揮使司二曰烏思藏曰朶甘指揮使司一曰隴答宣慰使司三曰朶甘曰董卜韓胡曰長河西魚通寧遠招討使司六曰朶甘思曰朶甘隴答曰朶甘丹曰朶甘滄溏曰朶甘川曰磨兒勘萬户府四曰沙兒可曰乃竹曰羅思端曰别思麻千户所十七曰朶甘思曰剌宗曰孛里加曰長河西曰多八參孫曰加八曰兆日曰納竹曰倫答曰果由曰沙里可哈思的曰孛思加思東曰撒里土兒干曰參卜郎曰剌錯牙曰泄里壩曰潤側魯

孫闡化闡教輔教三王貢使自四川入賛化王自陝西入每貢百餘人多不過百五十人大乘大寶二法王貢無每貢僧徒十人凡諸王賜誥袈裟僧帽數珠鈴杵以大慈恩寺剌麻僧二人充正副使四川自黎州或天全陝西自洮州出境宣德元年封大寶大乘闡教闡化賛善五王九年闡化王貢使乩藏等還以賜物易茶至臨洮沒入茶并留乩藏等以聞上命釋之還其茶西番風俗大抵皆質直朴魯上下一心君臣為友吏治無文音樂尚琴瑟食酪衣氈

居毳帳務耕牧好狠鬪貴壯賤弱懷恩重利尊釋信詛產
金銀銅錫犛牛名馬天鼠皮獨峯駝青棵麥豋豆羱羊

高昌館

高昌即火州以其地勢高敞物產昌盛故名高昌又山色如火天氣常熱故亦名火州乃西域諸國之一也本漢車師前後王地前王治交城即唐交河縣去長安八千里後王治務塗即唐蒲類縣去長安九千里漢元帝時置戊己校尉屯田於前王庭後魏時其地為蠕〻所并有闞伯周者始自稱高昌王唐太宗平高昌置西州及都督府後陷於吐蕃其地有回鶻雜居故又名回鶻來時屢遣使入貢

元號畏兀兒隸馬哈木人明朝號火州在嘉峪關外西行一月可至火州城方十餘里其東七十里有柳陳城西百里有土魯番永樂七年土酋遣人朝貢十二年吏部員外郎陳誠至其國還言其國風物蕭條市里民居僧堂過半亦皆零落東有荒城故址云古高昌國治漢西域長史戊已校尉並居焉宣德五年火州王哈散土魯番萬户賽因帖木兒柳陳城萬户尾赤剌俱遣人貢馬及玉璞正統間哈剌火州等處入貢成化間畏兀兒萬户土勒克等入貢

弘治間哈失哈兒地面阿把把吉兒等入貢正德間土魯
番等處指揮格格揑等入貢嘉靖以來高昌歸化寺等處
普覺靜修國師拜言孛剌都督飢吉卜剌指揮等官馬黑
木等入貢至今或三年五年來貢不絶其地東至哈密西
連亦力把力南抵于闐北接瓦剌東南至肅州其人貌類
高麗目深鼻高辮髮後垂衣尚錦繡俗事天神信佛法字
書亦有真草頗似韃靼字亦常借用回回語音貴食馬好
騎射時節潑水為戲其山川靈山蒲類海交河為大產馬

駝𥂕白氎布鑌鐵陰牙角阿魏附哈密柳陳安定阿端曲
先罕東亦力把力黑婁于後哈密地近高昌本屬高昌館
譯審但其中多回回人入貢時亦有用回回字者故又屬
回回館此當臨時分别也

暹羅館

暹羅國本暹與羅斛二國暹國土瘠不宜耕種羅斛土衍腴多穫暹人歲仰給焉元元貞初暹人常遣使入貢至正間暹降於羅斛今為一國洪武初遣大理少卿聞良輔往諭之暹羅斛國王參烈昭毘牙遣使柰思俚儕剌識悉替奉金葉表朝貢還賜大統曆七年遣使沙里拔來朝自言本國令陪臣柰柰思俚儕剌識悉替入貢去年八月舟次烏豬遇風舟壞漂至海南收穫漂餘貢物蘇木降香兜羅

來獻省臣已聞上因無表文可擬疑爲奸商詭言却之後
其子恭烈寶毘牙立九年王遣子昭祿群膺奉金葉表文
貢象及諸方物後如朞常貢至萬曆三年九月暹羅國王
招華宋頃遣使握坤那朵思灣等奉金葉表文貢方物後
因年久譯學失傳難以辨驗題請行彼國查取精通番譯
人員赴京教習五年八月差通事握文源同夷使握悶辣
握悶鉄握文帖賫原奉勘合赴京請印并留教習番字名
官帶衣服有差六年十月該内閣大學士張等題據提督

少卿蕭呈請於本館添設暹羅一館考選世業子弟馬應
坤等十名送館教習時宗載承乏提督之暇因令通事握
文源具述彼國之風土物產如左其國東連大泥南臨東
牛西接蘭場北界大海由廣東香山縣登舟用北風下指
南針向午行出大海名七洲洋十晝夜可抵安南海次中
有一山名外羅山入晝夜可抵占城海次十二晝夜可抵
大崑崙山又用東北風轉舟向未燕申三分五晝夜可抵
大真樹港五晝夜可抵暹羅港入港遠二百里即淡水又

五日抵暹羅城此皆以順風計約四十日可至其國彼國來貢必用五六月南風還則用十一二月北風過此不敢行矣其國城用磚砌分八門南北五里東西十里城中有小河通舟城外西南民居輳集民間無姓有名為官者稱握其為民者稱柰〻其最下稱隘其王每日旦陞殿各官於臺下設氊以次盤膝而坐合掌於頂献花數朶有事則據文書朗誦上呈候王定奪乃退遇春日冬節及喜慶事亦有賞賜遇

天朝頒賜勅諭勘合王則用原封官服呼萬歲行五拜三叩頭禮如中國云結婚亦有媒妁聘禮親迎集親鄰迎壻至女家匹配後七日同回夫家國王喪國人皆髡髪為孝否則織物汚塗於面辱之官民有銀不得私用皆送于王所委官傾瀉成珠用鉄印印紋於上每百兩入稅六錢如無印紋即私銀也初犯斷左指再犯斷右指三犯者死其氣候常熱無霜雪土產珍寶有石榴子猫兒眼青紅緑三色石金鋼鑽金銀鉛錫鉄玳瑁象牙犀角珠母食貨有胡椒沉

香速香降香木香丁香樹香金銀香大楓子馬前白豆蔻
玉豆蔻烏藥兒茶阿魏鴉片氷片紫梗藤黄破肚子燕窝
黄蠟檳榔布有西洋五色花紋布花木有猫竹黄竹斑竹
蘓木花梨鉄梨木橋蓮石榴甘蔗茉莉薔薇露波羅蜜獸有
犀象馬羊牛虎豹熊猴猿穿山甲禽有孔雀鴛鴦錦鸚鵡
雁鶯仙鶴魚有鱷鶻大口沙鯉即魚蝦蝌蛤蚌蔬有東瓜
西瓜王瓜甜瓜冬瓜瓠茄韭菹羅卜諸種豆

緬甸館

緬甸古西南夷即漢之剽(?)國也其風俗類江淮間居室有茅蘆出入乘有象馬飲食有米穀畜有牛羊民皆細絨作毡衣其地下濕夜寒晝熱一日洗浴数次推勞任運河海潮水泛溢自明朝洪武二十五年遣殿前中郎将討平之後遣使入貢或珍珠或猫兒眼或象或藤合油或金銀器皿等物至

京師或五年或十年一貢不等送彝有差自本國至雲南布

政司三十八程布政司至
京師一萬六百四十五里

百譯館

百譯譯名六歹國地方在雲貴之西南自古不通中國自
元世祖時命将伐交趾國經其所部盡降之舊名孟都又
名孟邦元至元二十六年立木邦路軍民總管府領三甸
明洪武十五年木邦府後改木邦軍民宣慰使司命西平
侯沐英遣使往諭之始從化來王其所部有猛密有寶井
為木邦利府陶猛司王領之陶猛者猶華言頭目也其俗
男衣白文身髡髮摘鬚其女上衣白下圍桶裙耳帶金圈

手貫象牙鐲所居皆竹樓男貴女賤雖小民亦奴視其妻
耕織貿易差徭之類皆係之土產犀象馬金銀寶石孔雀
尾靈蛇膽古剌土錦胡椒響錫其種類甚繁故以百稱部
落有木邦有南甸有干崖有隴川有孟養有羅有孟楞有
孟定有孟艮有三宼有孟璉有孟艮有芒市有景東有鶴
慶有大侯有威遠有鎮康有灣甸有者樂甸其民多百譯
不通漢字俱屬本館譯審

西天館

西天即天竺在葱嶺之南去月氏東南數千里地方三萬餘里分中東西南北五印度國國各有王地各數千里東與扶南林邑鄰但隔小海耳南際大海西接罽賓波斯北距雪山四周皆山惟南通一谷為國門其中印度則據四印度之中也即漢身毒國世傳明帝夢金人遣使之天竺求佛於是佛教始通於中國唐宋以來貢使間有至者明朝永樂六年有榜葛蘭國王靄牙思丁遣人朝貢榜葛蘭

者即西天東印度也九年其使至大倉命行人往宴勞之十二年王蹇弗丁遣人奉金葉表獻麒麟至今貢使久不通本館雖設有專官其所習番文止真實名經不可通於文移往來似屬贅疣不知當時開館傳習何以止此此當再考者也其國自蘇門荅剌海行過翠藍島至淅地港更舟行五百里至鎖納兒港登陸行三十五里至其國地廣人稠財物豐衍甲於諸鄰國國有城郭王及諸官皆回回人男祝髮白布纏頭圓領長衣束綵帨躡皮履市用銀錢

海䝿五嶺山最高大氣候常熱如夏賦十二刑有笞杖徒流官有印章行移軍有糧陰陽醫卜百工技藝大類中國有衣黑白花衫縈帨佩珊瑚琥珀纓絡繫臂硝子鐲釧歌舞侑酒者曰根肖速魯柰柰蓋優人也能作百戲以鐵索繫虎行市中入人家解索坐虎於庭裸而搏虎虎怒交撲仆虎數回乃已或手投入虎喉虎亦不傷戲已仍繫之家人爭以肉啖虎勞戲者錢曆有十二月無閏風俗朴厚人好耕織一年二熟產鑛鐵翠羽瑠璃蛇馬桑漆樹絲綿尤

多鎗剪最是巧利布有數種有濶四五尺者蕎黑蕎勤濶
四尺者背面皆毪絨厚可五分即兠羅錦也白樹皮布膩
滑光潤如鹿皮椰茭爲酒檳榔當茶

八百館

八百大甸軍民宣慰使司世傳其土酋有妻八百各領一寨因名八百媳婦自古不通中國元世祖壬戌八月始遣忙兀魯迷失師軍征之至成宗丁酉九月責其叛寇車里遣也先不花征之辛丑二月以劉深哈剌帶並為中書右丞鄭佑參知政事皆佩虎符將兵三萬勅雲南省各給馬匹征之八月又責其不輸稅賦賊殺官吏遣薛超兀兒征之癸卯三月劉深復請加兵哈剌哈孫曰海嶠小譯遼絕

萬里可諭之使來不足以煩中國元主不聽竟無功士卒存者纔十之一始悔不用其言會有司議釋深罪哈剌哈孫曰深徵名首釁喪師辱國不誅無以謝天下遂誅深其酋恃遠叛服不常至元統平章賽典亦遣使招附置八百等處宣慰使洪武二十四年其酋刀攬那來貢方物始立八百大甸軍民宣慰使司每遇改元則須給勅諭金牌勘合與緬甸同其地東至老撾南至波勒蠻西至木邦北至孟艮自司治北至布政司三十八程其人性頰綫剌花樣

於眉目間以為飾男女服食與木邦同事佛敬僧亦如緬
甸與客相見無跪拜之節但把手為禮境內有南格剌山
山上有河南屬八百北屬車里土產犀象金寶白檀香安
息香

附老撾車里蓋艮于後

老撾軍民宣慰使司俗呼為撾家自古不通中國永樂三
年其酋刀攬章入貢方物始置宣慰使司其地東至水尾
南至交趾西至寧遠北至車里其民皆百譯性獷悍身及

眉目皆刺花樣服食器用大類木邦其酋長有三等長曰
招木弄次曰招木中又次曰招花爲宣慰者即招木弄也
居高樓其上寬廣見人不下樓部屬見之則所至之地各
有等限使客亦然而設通事引之以至其地下差尺寸土
產犀象乳香西木香鮮子訶子
車里軍民宣慰使司蠻名徹里又有倭泥貉獞蒲剌黑角
諸蠻雜居自古不通中國元世祖命將兀良吉解伐交趾
經其地悉降之至元中置徹里路軍民總管府領六甸後

又置耿凍路耿當孟二州洪武十七年酋長刀光歸附改
置車里軍民府十九年改宣慰使司在浪滄江之南接南
海交趾人情頗淳額上刺一旗為號作樂以手拍羊皮長
皷又間以銅鐃拍板鄉村飲宴則擊大皷吹蘆笙舞牌為
樂境内有猛永山杉木江土產鍮石銅木香沉香
孟艮府蠻名孟揹古不通中國永樂四年始來歸附置孟
艮府東至車里南至八百西至木邦北至孟璉其土俗與
木邦同